传世励志经典

U0655085

密涅瓦的猫头鹰
黑格尔

【苏】阿尔森·古留加 著   张 荣 孙先武 编译

中华工商联合出版社

图书在版编目（CIP）数据

密涅瓦的猫头鹰：黑格尔／（苏）古留加著；张荣，孙先武编译. --北京：中华工商联合出版社，2015.4

ISBN 978-7-5158-1253-3

Ⅰ．①密… Ⅱ．①古… ②张… ③孙… Ⅲ．①黑格尔，G. W. F.（1770～1831）—传记 Ⅳ．①B516.35

中国版本图书馆 CIP 数据核字（2015）第 068849 号

密涅瓦的猫头鹰
——黑格尔

作　　者：	【苏】阿尔森·古留加
译　　者：	张　荣　孙先武
出 品 人：	徐　潜
策划编辑：	魏鸿鸣
责任编辑：	林　立
封面设计：	周　源
营销总监：	曹　庆
营销推广：	王　静　万春生
责任审读：	郭敬梅
责任印制：	迈致红
出版发行：	中华工商联合出版社有限责任公司
印　　刷：	天津旭丰源印刷有限公司
版　　次：	2015 年 5 月第 1 版
印　　次：	2023 年 4 月第 4 次印刷
开　　本：	710mm×1020mm　1/16
字　　数：	200 千字
印　　张：	15
书　　号：	ISBN 978-7-5158-1253-3
定　　价：	49.80 元

服务热线：010－58301130
销售热线：010－58302813
地址邮编：北京市西城区西环广场 A 座
　　　　　19－20 层，100044
http://www.chgslcbs.cn
E-mail：cicap1202@sina.com（营销中心）
E-mail：gslzbs@sina.com（总编室）

序

    为了给《传世励志经典》写几句话，我翻阅了手边几种常见的古今中外圣贤大师关于人生的书，大致统计了一下，励志类的比例，确为首屈一指。其实古往今来，所有的成功者，他们的人生和他们所激赏的人生，不外是：有志者，事竟成。

    励志是动宾结构的词，励是磨砺，志是志向，放在一起就是磨砺志向。所以说，励志不是简单的立志，是要像把刀放在石头上磨才能锋利一样，这个磨砺，也不是轻而易举地摩擦一下，而是要下力气的，对刀来说，不仅要把自身的锈磨掉，还要把多余的部分都要毫不留情地磨掉，这简直是一场磨难。所有绚丽的人生都是用艰难磨砺成的，砥砺生命放光华。可见，励志至少有三层意思：

    一是立志。国人都崇拜的一本书叫《易经》，那里面有一句话说："天行健，君子以自强不息。"这是一种天人合一的理念，它揭示了自然界和人类发展演化的基本规律，所以一切圣贤伟人无不遵循此道。当然，这里还有一个立什么样的志的问题，孔子说：士不可以不弘毅，任重而道远。古往今来，凡志士仁人立的都是天下家国之志。李白说：大丈夫必有四方之志，白居易有诗曰：丈夫贵兼济，岂独善一身，讲的都是这个道理。

二是励志。有了志向不一定就能成事，《礼记》里说：玉不琢，不成器。因为从理想到现实还有很大的距离。志向须在现实的困境中反复历练，不断考验才能变得坚韧弘毅，才能一步一个脚印地逐步实现。所以拿破仑说：真正之才智乃刚毅之志向。孟子则把天将降大任于斯人描述得如此艰难困苦。我们看看历代圣贤，从世界三大宗教的创始人耶稣、穆罕默德、释迦牟尼到孔夫子、司马迁、孙中山，直至各行各业的精英，哪一个不是历经磨难终成大业，哪一个不是砥砺生命放射出人生的光芒。

三是守志。无论立志还是励志都不是一朝一夕、一蹴而就的，它贯穿了人的一生，无论生命之火是绚丽还是暗淡，都将到它熄灭的最后一刻。所以真正的有志者，一方面存矢志不渝之德，另一方面有不为穷变节、不为贱易志之气。像孟子说的那样：富贵不能淫、贫贱不能移、威武不能屈。明代有位首辅大臣叫刘吉，他说过：有志者立长志，无志者常立志，这话是很有道理的。

话说回来，励志并非粘贴在生命上的标签，而是融汇于人生中一点一滴的气蕴，最后成长为人的格调和气质，成就人生的梦想。不管你做哪一行，有志不论年少，无志空活百年。

这套《传世励志经典》共收辑了100部图书，包括传记、文集、选辑。为励志者满足心灵的渴望，有的像心灵鸡汤，营养而鲜美；有的就是萝卜白菜或粗茶淡饭，却是生命之必需。无论直接或间接，先贤们的追求和感悟，一定会给我们带来生命的惊喜。

徐　潜

前　言

黑格尔（1770～1831 年）是德国古典哲学的集大成者，他的辩证法思想达到了德国古典唯心主义哲学的巅峰。他的辩证法是马克思主义唯物辩证法的主要来源之一。在 19 世纪，他的思想体系也曾对英美的学院哲学家们产生过巨大的影响。

黑格尔 1770 年出生于符腾堡一个官吏家庭，1785 年开始就读于文科中学，1788 年到图宾根神学院学习，主修神学和哲学。1793 年到 1800 年间，先后在瑞士伯尔尼和德国法兰克福的富庶家庭为其孩子们担任家庭教师。1800 年在耶拿同好友谢林一起创办《哲学评论》杂志。1801 年在耶拿大学任编外讲师，1805 年获得副教授职位。1807 年，出版了他的第一部著作《精神现象学》。1808 年至 1816 年，在他担任纽伦堡中学校长期间，完成了《逻辑学》一书。1817 年，在他担任海德堡大学教授职位期间，出版了《哲学全书》，完成了他的哲学体系。1818 年起，黑格尔出任柏林大学哲学教授，并于 1829 年当选为柏林大学校长（任期一年），其间于 1821 年出版了《法哲学原理》，1827 年 1 月，他主编的《科学评论年鉴》开始发行。1831 年 11 月 14 日，这位伟大的哲学家因病医治无效而与世长辞。去世之后，他在柏林大学的讲稿分别被整理成《哲学史讲演录》、《美学讲演录》和《宗教哲学讲演录》，并相继出版。

黑格尔的一生是不平凡的一生，他经历了法国革命的洗礼，办报的坎坷，求职的艰难，但更多的是对真理的苦思冥想，对哲学执着的追求。值得一提的是，黑格尔一生热爱教育事业，热衷于培养人才。即使在他担任柏林大学校长期间，他还在讲授"哲学史"和"心理学与人种学或精神哲学"等课程。

黑格尔在哲学领域的贡献，让人叹为观止。在继承和发展了康德、费希特以来的德国古典哲学传统的基础上，他提出了自己的国家观，提出了不同于现存国家制度的精神国家理念。他在自己的哲学体系中提出了辩证法的思想。他基于"美是理念的感性显现"这一命题的美学思想，同样博大精深，影响深远。同时，通过讲述绝对精神自我发展的三个阶段（逻辑学、自然哲学和精神哲学），他建立了让人惊叹的客观唯心主义体系。此外，他还制定了一系列有关认识论研究的原则，为总结过去和现在的各种哲学成就及进一步发展哲学认识论提供了非常有价值的借鉴。

黑格尔一生著述颇丰，给世人留下了宝贵的精神财富。可以说，黑格尔就是一座精神宝库，吸引我们去探索他博大精深的思想。然而，黑格尔的哲学思想极为艰深。可以说，在所有大哲学家当中，他的思想几乎是最难懂的。所以编译本书的目的，一方面是为了让读者了解这位伟人不平凡的一生，了解他的心路历程；另一方面，通过对其主要著作及哲学思想体系进行勾勒式的介绍，让读者更好地了解黑格尔哲学产生的时代背景和他的哲学思想的整个发展过程，这不仅有助于读者更好地理解德国古典哲学，也有助于读者更好地理解马克思主义哲学，提高我们认知世界的能力。

编译者

2014 年 10 月 18 日

目 录

行动第一

　　1785 年，有一个少年走进了斯图加特市的文科中学。他就是该市税务局书记、绅士格奥尔格·路德维希·黑格尔的儿子威廉，全名叫奥尔格·威廉·弗里德里希·黑格尔。威廉的父亲认为，儿子在学校学到的东西是不够用的。尽管威廉各门功课都出类拔萃，考试成绩优异，可父亲还是给他请了个家庭教师。

　　小威廉博览群书。他的零花钱都买了书，还经常去公爵图书馆读书，他觉得那是一件很快乐的事情。图书馆周三和周六开放。图书馆大屋子里的长桌上放着钢笔、墨水和纸，供读者使用。不管你想看什么书，只需把书名写在纸上，交给管理员，他立刻就会把书找来给你。第一次来这里的时候，小威廉借了巴托德文版的《美学导论》，读了论述叙事诗的那一章节内容。

　　他偏爱严肃读物。小威廉读书时养成了一种特有的习惯，就是把读过的书详尽地摘录在活页上，并按语言学、美学、面相学、算数、几何、心理学、历史学、神学和哲学等进行分类。每一类都按字母顺序排列，把摘录的东西全放入贴有标签的文件夹。这样一来，就可以马上找到所需要的摘录内容。这些装着摘录的文件夹后来伴随了他的一生。

在家庭图书馆里，年轻的黑格尔有一卷德语版莎士比亚全集，是他上低年级时备受尊敬的老师赠给他的。扉页上有一段话："虽然现在你还读不懂它，但不久你就会的。"① 十年之后，这位叫勒夫勒的老师的预言是否灵验呢？现在的确很难回答。对于文艺作品，年轻的黑格尔难说有超过普通人以上的欣赏水平，对于新鲜事物，也难说有特别的接受能力。在他的童年和少年时期，德国诗歌和散文等名著不断问世，例如《埃米里·加洛蒂》(1772)、《葛兹·冯·伯利欣根》(1773)、《少年维特之烦恼》(1774)、《先知拿单》(1779)和《海盗》(1781)等。直至中学毕业，这位未来的哲学家还没有读过这些作品。年轻的黑格尔情有独钟的一部作品是约翰·提摩太乌斯·赫尔姆斯的《索菲游记——从默默尔到萨克森》，这是一部六卷本精装小说，模仿了英国家庭小说描写七年战争时期东普鲁士市民生活状况的情景，小说不乏惩恶扬善的说教，同时以清新的写实手法描写了市民们日常生活中的琐事。黑格尔对这部小说喜爱有加，直至 18 世纪末，它还是其最喜欢的作品之一。

黑格尔的日记，除了表现得少年老成、过于谨慎，尽是一些琐碎之事，丝毫看不出他有什么过人之处。例如：

> 7 月 14 日，星期四。前天阿贝尔和霍普夫教授参加了我们的聚会。我们一起散步的时候，他们特别给我们讲述了维也纳。

---

① 约翰内斯·霍夫迈斯特本：《黑格尔思想发展史资料》，斯图加特 1936 年版，第 392 页。

7月15日，星期五。我和克勒斯教授一起散步。我们一起入迷地朗读门德尔松的《斐多》……

7月16日，星期六。市政府秘书克拉普夫勒先生今天去世。我们原以为他的身体状况已有好转。他有九个孩子，其中一个儿子八天前接替了他的职位，另有一个儿子（于）去年秋天入了修道院。

7月19日，星期二。政府顾问兼枢密院秘书施密特林今天也去世了。他当时正在吃饭，伸手拿汤匙的时候中风了①。

日记的前面几页还记录了他和其他几个模范生被叫到教务处的情况。内容是：

我们并没有遭到训斥，他们只是严肃地要求我们去劝诫其他同学。让他们有所提防，别被拉入那些低俗的娱乐聚会。还举了个例子，说有一个团体，全是些年轻人，男的十六七岁，女的十一二岁……这些先生们带着女士们到处闲逛、腐化堕落，不可救药②。

从这些日记内容可以看出，黑格尔做人传统本分，过于守己，而且显得乏味。给他作传的库诺·菲舍尔这样写道，"当时谁也没料到，这个迷恋于一部乏味的小说，毫不出众的少年，竟然日后会脱胎换骨，成了一位很有洞见的思想家，而且通过他孜

---

① 约翰内斯·霍夫迈斯特本：《黑格尔思想发展史资料》，斯图加特1936年版，第15～16页。

② 约翰内斯·霍夫迈斯特本：《黑格尔思想发展史资料》，斯图加特1936年版，第8页。

孜不倦的努力，竟然成了当代数一数二的哲学家"①。

从另一方面看，事实并非完全如菲舍尔所言。读文科中学的最后一年，黑格尔的一篇名为《论古诗人之若干特征》的文章得到了如下评语："将来定会大有作为。"虽然黑格尔对近代文学不太了解，但他却谙熟古典文学。他对索福克勒斯和欧里庇得斯的悲剧情有独钟，还翻译过爱比克泰德和隆各司的作品，所以写一篇赞颂古代诗人的文章对他来说是小菜一碟。一年前，他已经在《论希腊和罗马人的宗教》一文中表达了他对古代纯理性主义的看法。在他看来，希腊人的迷信是出于启蒙知识的缺乏。在文章结尾，他把批评的触角还延伸到了现代。在《论古诗人之若干特征》一文中，他进一步发展了这个话题，对新时期的文学做出了评判。在他看来，近代的诗人已经再也不能发挥古代诗人的作用了。古人的品质和长处在于他们的质朴，他们的思想不是源自书本，而是直接来源于生活，来源于自然。他们关注的是如何为真理服务，而不是取悦读者。

显然，这算不上什么独特的见解。在德国，继温克尔曼、莱辛和赫尔德之后，古典热已经成为知识界的热点。作为学生的黑格尔只不过转述了他读过的内容罢了。可他转述得井井有条，让人信服。对古代语言和古代诗人的倾慕持续了他的一生。

老师对他的文章内容很是满意，只是在修辞方面提出了一些意见。文科中学的学生须在班上讲述自己的作文，可黑格尔的口才平平。

在文科中学毕业前，黑格尔得做一次演讲。他的题目是《土

---

① 库诺·菲舍尔：《黑格尔的生平、著作和学说》第一部分，海德堡 1911 年版，第 9 页。

耳其人统治下艺术与科学的衰落》。他此前对近东地区没有什么兴趣，选该主题只是借题发挥而已。

演讲中，他在描述奥斯曼帝国悲惨状况的同时，呼吁听众想一想自己的家乡符腾堡。对比的结果让人瞠目结舌。他讲道：

> ……所以，我们会感到自己有多么幸运，会珍惜上天让我们出生在这个国度的机会。我们的君主深信教育的重要性，深信科学用途的广泛。因为对其重视，所以赢得了荣誉，为自己建立了永垂不朽，供后人瞻仰的纪念碑①。

黑格尔极力推崇学监，感谢老师，呼吁同学和朋友反思无视学监和老师的教诲给自己带来的恶果。

倘若把这篇演说看作是反话，那完全是误解。事实上，这样的演说在当时非常流行，黑格尔也因此颇受欢迎。他的这番言论是否进了公爵的耳朵，我们不得而知，但毕竟他拿到了奖学金。1788 年，他进入图宾根修道院，开始在那里的神学院继续他的学业。

符腾堡有两所高校，一所是斯图加特卡尔学院，另一所是图宾根神学院。前者是卡尔·欧根为了培养军官、医生和律师而建立的（席勒就于 1780 年毕业于该校）；后者建校要早一些，创立于 16 世纪，旨在培养牧师和教师。神学院学生不多，约有两三百人，建在以前一个叫奥古斯丁教团修道院的旧址上。这里的生活方式具有修道院的特点：学生按要求很早起床，然后祷告、吃

---

① 约翰内斯·霍夫迈斯特本：《黑格尔思想发展史资料》，斯图加特 1936 年版，第 52 页。

早餐。上课、自习和散步都有着严格的规定。违反一次规定就要受到惩罚，轻则不许午饭时喝酒，重则关禁闭。因为学生都穿着黑色的衣服，城里人都称他们为"黑鬼"。

骑马和击剑也是做牧师的训练科目。黑格尔对此并没有什么兴趣。他依旧和中学时期一样喜欢读书。同学们都拿他开心，把他叫作"老头子"。他的纪念册里有同学为他画的漫画，画面上驼背的黑格尔拄着一副拐杖，旁边还有一句题词："愿上帝保佑这位老头子。"黑格尔对此也见怪不怪，他跟谁都合得来，大家都把他看作知心朋友。

黑格尔喜欢吸鼻烟、喝酒和玩牌。只要条件允许，别人干什么他就跟着干什么。一次，因为迟到，他被关了一小时的禁闭。还有一次，他在宿舍喝醉了，幸好朋友们把他藏了起来，没被老师发现，才逃脱了惩罚。后来舍长埋怨说："黑格尔，或许你把自己的魂都给喝没了吧？"

黑格尔和学院里最优秀的两个学生建立了深厚的友谊。他们是弗里德里希·荷尔德林和弗里德里希·威廉·约瑟夫·谢林。荷尔德林1788年和黑格尔同年进入神学院，谢林则在1790年才入学。

黑格尔学习勤奋。1788年12月，他写了上了大学后的第一篇作文，又一次重申了数月前在文科中学时的观点。这篇文章的题目是《论希腊罗马古典作家的作品给我们的教益》。他依然坚持以前的观点，仍然认为古代诗人是从自然获取灵感的，文中还批判了当代人对书本知识的重视。文章认为古典作家的优势就在于他们丰富的语言表达力。古典文学是培养鉴赏力的殿堂，是美育的殿堂。阅读古代史学家的作品让人受益匪浅，它们是历史记载的典范，让人们很好地理解人类走过的道路。人类的精神永远都是一样的，只是在特定条件下有所变化。当时的精神领域盛行历史主义的思维方法，黑格尔对这一方法越来越坚信不疑。

神学院第一学年结束时，黑格尔获得了优等证书，评语是"聪明，勤奋，品行优良"。在以后十个学期的评语中，智力一栏一直填写的是"聪明"。而品行一栏则从"优良"降到"合格"，有时甚至是"差"。他已经不是以前那个循规蹈矩的文科中学生了。当然，他也没有变成肆无忌惮的酒鬼。在图宾根，这样的酒鬼比比皆是，他原本也会成为其中的一员，但是他的生活中有了新的兴趣，那就是政治。政治让他感到痴迷。

1789 年春天，来自法国的警报传至德国。饥荒和骚乱遍及法国，国王被迫召开了三级会议，第三等级不再听从国王的旨意，人民代表召集了国民会议。当年 7 月 14 日，巴黎人民攻占巴士底狱，革命之火燃遍全国。8 月 26 日，制宪会议通过"人权宣言"，这一宣言在当时的甚至整个时代的精神生活中发挥了决定性的作用。

法国革命受到德国进步力量的热烈欢迎。图宾根和其他的城市一样，也成立了一个政治俱乐部。人们在那里交流有关法国革命的新闻，阅读法国报纸，关注德国的命运。他们效仿法国人，种了一棵自由之树。据说，黑格尔和他的朋友谢林也参加了这个活动。

黑格尔是这个俱乐部的积极分子。他在会议上发表政治言论，颇受朋友们的欢迎。在他当时的纪念册里，可以看到这样一些口号："反对暴君"、"打倒坏蛋"、"打倒妄想独裁的暴政"、"自由万岁"、"卢梭万岁"等。其中还有一条摘自《社会契约论》

的语录："如果天使有自己的政府，他们也会实行民主管理的。"①

卢梭对社会罪恶和封建奴役提出了不满的控诉，他的革命思想深深地吸引了黑格尔。卢梭也是最先发现资产阶级在进步的同时也有其缺陷的人士当中的一个。他的口号是"回归大自然"。他在自己的著作中写道，经济的繁荣与科学的发达，不但没有给人类带来幸福，反而为此成就付出了代价，那就是自由和道德的沦丧。但是，卢梭相信，许许多多无权无势的老百姓最终会摆脱暴政，获得平等。他认为，理想的国家体制就是古代城邦国家的体制。黑格尔认为，法国革命正好践行了卢梭的思想。

法国革命继续发展。国王想逃跑，但给抓住后押回了巴黎，山岳党乘机推翻了君主制统治。反革命队伍在法国境外集结，企图用武力恢复旧的统治秩序。

离图宾根不远的罗登堡驻扎着一个法国的流亡军团。他们当中有王军旧部军官、贵族、僧侣、税吏和冒险家。出于自己安全的考虑，他们决定不再在图宾根露面，以免被大学生搜到后要求决斗或者遭到痛打。

有一天，一个衣冠不整、满脸血迹的人，步履蹒跚地走在图宾根的街上，他是被保皇党派逮捕过，又奇迹般地逃脱了的雅各宾派。可他已经没有力气再往前走了，只有眼睁睁地等着罗登堡来的追捕者。就在这时，俱乐部的人把他救了下来，并藏到了安全的地方，然后用募捐的钱把他送到了国外。

但是，后来俱乐部出了奸细，秘密被泄露，当局开始追查。卡尔公爵专程来到图宾根，亲自坐镇办案。俱乐部的主任及时躲了起来，其他人惊慌逃散。就连因为把《马赛曲》译成德语而闻

① 卡尔·罗森克兰茨：《黑格尔传》，柏林 1844 年版，第 34 页。

名的谢林也逃脱了处罚。他并没有掩饰自己的行踪，公爵亲自审问他，问他是不是那首"强盗之歌"的翻译者，他毫无惧色地说："……欲加之罪，何患无辞？"

年轻的谢林才华超众，15岁就上了神学院，比其他人早三年。当时，黑格尔正在神学院读第五学期。他们常在政治俱乐部会议上见面，政治立场让他们走得很近。他们俩人的结交完全出于政治方面的原因，而不是哲学。至于理论方面的共同语言，那是以后的事情了。

总体说来，黑格尔当时对哲学没有什么兴趣。虽说他在法国革命爆发的那一年就开始阅读康德的作品，但那时还是领会不了批判哲学的革命精神。当时，神学院有一个研究《纯粹理性批判》的团体。虽然谢林积极地参加这个团体的活动，但黑格尔对其无动于衷。

不过，年仅20岁的黑格尔并没有因此而错失哲学硕士学位。按照神学院的规定，学生在头两年应当学习哲学，接下来还要参加硕士论文答辩。为了获得论文答辩资格，得先写两篇篇幅不大的哲学论文，并通过相关考试，才能参加答辩。学生无须撰写大篇幅的独立论文，真正的论文是教授写出来的，学生只需参加答辩即可。黑格尔的那两篇论文并没有保存下来。他参加答辩的论文《论义务的界限》是奥古斯特·伯克教授写的。该论文论述了沃尔夫的道德观，认为德行的基础不仅在于理性，也在于感情。道德义务的概念虽然不是源于灵魂不灭和上帝永恒的思想，但对最高本体的信仰可以巩固和完善这个概念。参加这篇论文答辩的共有四个同学，其中就包括黑格尔和荷尔德林。

接下来的三年就该攻读神学了。黑格尔结业时答辩的论文是关于符腾堡教会史的相关问题。共有包括黑格尔在内的九个人参加。1793年秋季的宗教考试，是黑格尔在图宾根的最后一次考试。黑格尔的毕业文凭上是这样写的：健康不佳，身材中等，不善言辞，沉默寡言，天赋过人，判断力强，记忆力好，文字通顺，作风优良，偶尔不太用功，体质一般，神学成绩显著，虽热情地尝试讲道，但不是一名优秀传道士，语言只是丰富，哲学学习努力刻苦。

虽然考试过关了，但黑格尔不愿投身宗教事业。出于某些原因，他没有去做牧师。他的同学罗伊特维因解释说，黑格尔改变主意的原因是虚荣心受到了挫伤。上文科中学时，黑格尔成绩排在第一，他的同学梅尔克林排在第二，但上大学后，他们的次序颠倒了过来。梅尔克林神学院毕业时成绩排在第三，黑格尔却落到了第四，这在黑格尔的内心留下了一道无法愈合的伤痕。罗伊特维因说，倘若黑格尔神学院毕业时不是第四名，那他一定会成为一名牧师的。事实上，黑格尔绝不是自称为其知己的罗伊特维因所说的那么一个虚荣和贪图名利的人。

还有一些人认为黑格尔没有做神职人员的原因是他口才不行。但是，大学讲台上对口才的要求绝不亚于教堂之上。显然这都不是真正的原因。真正让黑格尔对教会产生厌恶情绪的是大学里笼罩着的那种像修道院和兵营一样的气氛。另外一个原因就是，他在图宾根受到了法国革命和卢梭著作的影响，思想变得过于激进。

1793年10月，黑格尔去了瑞士，那是卢梭的故乡，但是他没有去日内瓦，而是去了伯尔尼。在伯尔尼，他在当地的贵族卡尔·弗里德里希·施泰格尔那里当家庭教师，给三个孩子教书——两个女孩，一个男孩。当家庭教师不需太多的时间和精力。主人有大量的藏书，他可以随意阅读，所以在这里黑格尔有时间加深自己的修养，从事学术研究。

在这里，黑格尔摘抄了德国著名的雅各宾派格奥尔格·福尔斯特的作品。1792 年，无裤党军队追逐被击败的干涉军，并踏上了德国的土地，他们在美因茨成立了一个共和国，宣称隶属于革命的法兰西。格奥尔格·福尔斯特是他们的领导人之一，他一直在巴黎参加革命工作，直至 1794 年在当地去世。

黑格尔和以前一样关注着法国的情况。和大多数同情法国革命的德国人一样，他并不支持雅各宾派的恐怖行为。亲眼看见了这些事件的福尔斯特惊愕地写道："捣乱者和阴谋分子伪装成人们的朋友，其目的是为了敛财，在法国为所欲为，而那些最聪明，也是我觉得最善良的人，却死在这些家伙手里。"① 恐怖行为证明了小资产阶级领导的革命陷入了绝境。对于雅各宾派的恐怖行为，弗里德里希·恩格斯是这样评价的："恐怖行为大都是无济于事的暴行，都是那些心存恐惧的人安慰自己的把戏。我坚信，1793 年的恐怖统治几乎都归罪于那些极度恐惧、自诩为爱国者的资产者，以及那些吓破胆的小市民，还有那些在恐怖时期干尽坏事的流氓。"②

黑格尔虽然反对雅各宾派的恐怖行为，但这并不影响他对法国革命的支持态度，并将其看作一次深刻的社会变革。他后来这样评价法国革命："这是一次辉煌灿烂的日出。"法国革命和黑格尔的理念息息相通，即便在黑格尔成为保守派之后，他仍然认为，如果没有一场大变革，欧洲的历史是难以想象的。

在安静的伯尔尼，黑格尔埋头苦读，著书立说。他决定写一

---

① 《格奥尔格·福斯特尔全集》第 9 卷书信部分，莱比锡 1843 年版，第 31 页。
② 《马克思恩格斯全集》中文版第 33 卷，第 56 页。

篇有关认识论方面的文章，他在笔记里记着很多关于主观精神哲学方面的素材。从中可以看出，这位年轻的哲学家在思考一些很古怪的问题。例如，直观是如何变成自觉行为的？神经又如何起到感觉器官的作用？人的灵魂在哪里？英国的普利斯特莱和哈特莱，法国的邦内都曾试图回答这些问题。不管怎么说，黑格尔是读过他们的著作的。这些著作已经被斯图加卡尔学院的教授，也就是后来在图宾根修道院做教授的雅各布·弗里德里希·阿贝尔翻译成了德语。黑格尔把阿贝尔的论文《论人的观念本源》中的某些内容逐字逐句抄录了下来。

这段时间，黑格尔对康德著作的领悟也越来越深，逐渐懂得了其中的含义。他给谢林的信中写道："我期待着康德的思想体系及其成就能在德国引发一场革命。"他感兴趣的是康德有关实践哲学的著作及费希特为这些著作所做的诠释，而不是后来才吸引他的《纯粹理性批判》。他还写道："人类终于登上了所有哲学的巅峰，让他感到眼花缭乱。但是，为何人类时至今日才想到重视自己的尊严，才认识到人类有同一切神灵平起平坐的能力呢？我认为，这个时代最好的标志，就是人类自身受到了如此的尊重。它证明压迫者和诸神头顶上的光轮已经散去。哲学家正力图证明这一尊严，人们将会习惯于这一尊严，不再低三下四地祈求被肆意践踏的权利，而是自己去争取，并将其占为己有。宗教和政治同流合污，宗教的教条正是专制制度梦寐以求的……"[1] 黑格尔诚挚地呼吁："朋友们，为了人类幸福之花的绽放，向着太阳奔去吧！拨开挡住阳光的树叶与树枝，向着太阳奋斗吧……"[2]

---

[1] 《黑格尔书信集》第1卷，汉堡：梅纳出版社1952年版，第24页。
[2] 《黑格尔书信集》第1卷，汉堡：梅纳出版社1952年版，第24页。

　　当时，谢林已经发表了自己的理论观点，可黑格尔觉得他和谢林不能同日而语，不敢把自己的见解发表出来，觉得他在这方面只是一个学徒而已。谢林请求黑格尔聊一聊他的学术研究情况，他的回答却是"我的作业不值得一提……"

　　但是，在这一阶段，他的著述却颇丰。在伯尔尼期间，他写过一部早在图宾根时就已开始的著作。他的这部著作一直没有完成，直到去世之后才以《人民宗教与基督教》作为书名出版。在这部没有完成的著作中，黑格尔认为"宗教是我们生活中最重要的事情之一"①。让他对宗教感兴趣的，首先是"心灵"的概念，因为他认为真正活的"主观"宗教体现在感情和行为之中。而"客观"宗教是有关上帝的死板的知识，它和"主观"宗教相互对立，或者更准确地说，是包括在"主观"宗教当中。倘若"主观"宗教是生动的自然之书，那么"客观"宗教就是科学家的标本陈列馆，把昆虫杀死，把植物晾干，动物的躯体被泡在酒精之中，将其从大自然隔离出来，统统塞进一个统一的模式之中。自然将纷繁复杂的目的编织成友谊之网，可研究自然的科学家们为其设定了一个统一的目的。换言之，"主观"宗教体现的是善良人的德行，而"客观"宗教则关乎神学。对二者道德功能的判定，黑格尔态度极为谨慎，认为起决定作用的不是宗教的特色（拿单曾说过，在你们眼里，我成为基督徒的原因，也就是在我眼里你们成为犹太人的原因②），而是宗教是否关乎到人的心灵。

　　"客观"宗教有赖于知性，因为知性充其量只是讨好主人的仆人，所以它并不能将原则应用于实践。启发知性力可以让人变

_____

① 《黑格尔全集》第 1 卷，美因法兰克福：祖尔坎普出版社 1971 年版，第 9 页。
② 《黑格尔全集》第 1 卷，美因法兰克福：祖尔坎普出版社 1971 年版，第 19 页。

得机灵一些，但无法让人变得更好，或者更智慧，因为智慧并不等同于学问。有人认为知性能产生真理，但哪一个凡胎肉眼的人能告诉我们真理是什么呢？这些想法和黑格尔后来的观点相去甚远，但同卢梭的思想及依靠"感觉着"的人来做狂飙运动的原则异曲同工。

黑格尔从启蒙神学家那里借用了"神启宗教"的概念，来指称依仗权威和传统的僵化的宗教。和神启宗教对立的是大众宗教。大众宗教虽然是建立在理性的基础之上，但它首先关乎人的感情，并且所有生活和国家事务都和大众宗教息息相关。透过这些与神学相关的术语，他提出了合理的社会制度的问题。和卢梭一样，年轻的黑格尔认为，该制度的典型范例，就是古代的民主制。

事实上，黑格尔批判的首先并非基督教本身，而是它当时的现状；并非人格神的概念，而是教会的机构问题。谢林因为康德派的哲学家们乱用道德论据，在一封信中这样嘲笑他们："突然间，跳出一位救星，就是那个天上独特的本体。"① 看到这句话，黑格尔百思不得其解，于是问谢林，"你是不是认为我们无法实现那一步？"② 对方立马严厉地答复道："你的意思是不是认为我们无法通过道德论据达到独特的本体？说实话，我感到异常吃惊。真没想到，一个莱辛的人竟然能问出这样的问题。你提出这个问题，无非是想知道我是否完全解决了这个问题。而你呢，想必早就解决了这个问题了吧？而且，我俩已经再也没有对上帝正统的理解了。所以，我的回答是，我们所实现的，比独特本体还

---

① 《黑格尔书信集》第 1 卷，汉堡：梅纳出版社 1952 年版，第 14 页。
② 《黑格尔书信集》第 1 卷，汉堡：梅纳出版社 1952 年版，第 18 页。

要远。顺便说一声，我已经成了一名斯宾诺莎派！"①

黑格尔并没有把自己标榜为斯宾诺莎派，更加吸引他的却是基督的形象。1795 年夏，他在伯尔尼附近的楚格着手为新宗教创始人写传记。该传记表面上近似福音书，可实际情况又如何呢？书中只字未提像报喜节、圣灵妊娠、奇迹和复活等内容。他笔下的基督是一个有理性的道德家。可以看出，作为年轻神学家的黑格尔观点有了变化。就在一年之前，还在颂扬感情的他，现在却转向理性了。

他几乎是借基督之口讲出了康德的绝对律令："倘若希望别人按照人与人之间的普遍法则对待你们，那么首先得按照同样的法则对待他们，这便是伦理的基本法则。"② 此时的黑格尔还没有把伦理和道德分清楚。所以伦理成了虔诚的唯一标准。人人都得按其标准来衡量。殊不知，作为个人的人高于一切。

几个月之后，年轻的黑格尔又开始沉思其他问题。基督教通过个别人物的事迹来讲道的方式已经不适合他的胃口。他开始写一篇新的稿子。这篇稿子就是后来著名的《基督教的神启性》。这里，黑格尔所说的神启性，代表着死板、一成不变，即僵化。

黑格尔把原始基督教和后来有组织的基督教，以及后来成为国教的基督教区别视之。这三种基督教是一个日益僵化，即"神启性"不断深化的过程。不过，该特征在其创始人那里早已有之。基督当年凭借人们对他的权威的信仰，来消除犹太教的"神启性"。

让我们看一看和基督相关的情况。黑格尔把基督与苏格拉底

---

① 《黑格尔书信集》第 1 卷，汉堡：梅纳出版社 1952 年版，第 21～22 页。
② 黑格尔：《耶稣传》，图宾根：莫尔出版社 1907 年版，第 87 页。

进行了比较。谁都可以成为苏格拉底的学生，他的学生遍及各行各业，有商人、士兵、政治家等。和苏格拉底不同的是，基督身边只有十二个信徒。作为宣扬其学说的代表，他们只是为了基督本人及其他的言行而活。这种做法为精神上的独断和迷信权威创造了条件。

基督教是如何兴起的呢？古代"大众宗教"又为何衰落了呢？在黑格尔的那个年代里，有一种流行的解释，说人们已经不再信仰那些态度不严肃、行为不检点的希腊诸神了，而以基督代之，从而更好地满足了人们心灵上的需求。但是，黑格尔对这个答案并不满意。古代宗教不再赢得人心，并非书本上的说教，基督教的传播，也非人们得到教化。按照黑格尔的观点，希腊罗马的宗教本来是自由人民的宗教，一旦人们丧失了自由，这种宗教也就该消失了，因为它已变得毫无意义，软弱无用。正如倘若河流干涸了，渔网还有用吗？因此，基督教是专制政治的产物。国家本来产生于公民的自身行动，一旦人民心中再无国家概念，基督教便产生了。此时，对国家的关注，只是一个或数个人的事情。人们各得其位，这些有限的地位各不相同。国家机器则掌握在少数人手里，他们和小齿轮一样，只有和别的齿轮放在一起才能运作，没有人再为整体做出牺牲，要么为自己工作，要么在别人的逼迫之下劳动。

在黑格尔早期的著作中，与其说宣扬教会神学，还不如说对教会进行了猛烈的攻击。虽说不仅仅针对基督教，但对基督教的攻击首当其冲。他说，"教会体制的根本错误在于否认精神能具备各种能力，特别是否认理性。当理性受到教会的否定，教会体制就成了非人的体制"①。

很明显，黑格尔的这番话不仅仅是对官方基督教的批判，而是揭露了教会对精神自由的压迫。宗教成了披在专制政治身上的外衣，其现存的教义也受到政治的庇护。

要想重新获得政治自由和精神自由，必须得对社会进行彻底的改造。有一段时间，在年轻的黑格尔看来，这种彻底的改造就是消灭国家。在他 1796 年初夏写的《德意志唯心主义的第一个体系纲领》中，黑格尔非常清楚地表达了这样的立场。在这篇文章中，他按照赫尔德的思想，把国家描述为机械、反人道的机器，认为它是暴力的产物，注定要消亡。他写道："因此，我们必须要超越国家，因为国家把自由人当作齿轮装置一样对待。这是不应该的，因此它应该消亡。"他认为，"……要彻底剥掉国家、宪法、政府和立法这一套卑劣的人造画皮"②。他还认为，"永久和平"是可能的。他认为最高思想应该是美的思想，号召创造一种新的理性的神话学说。他写道："现在我坚信，因为理性包含所有思想，理性的最高境界是一种审美行为；我坚信，真和善只有和美在一起，才能相得益彰。哲学家必须和诗人一样，具有同等的审美能力。那些迂腐的哲学家总是缺乏审美能力。精神哲学是审美的哲学。如果缺乏审美情趣，无论做什么都缺乏激情，甚至谈论历史的时候都是有气无力"③。

很难相信这些话是黑格尔所写。因为这和他日后的见解相去

---

① 《黑格尔全集》第 1 卷，美因法兰克福：祖尔坎普出版社 1971 年版，第 187～188 页。

② 约翰内斯·霍夫迈斯特本：《黑格尔思想发展史资料》，斯图加特 1936 年版，第 220 页。

③ 约翰内斯·霍夫迈斯特本：《黑格尔思想发展史资料》，斯图加特 1936 年版，第 220 页。

甚远，所以有些人认为它未必出自黑格尔的笔下。无疑，黑格尔在此把理性包含在审美当中，但理性在他的晚年却具有至高无上的地位。这位未来的国家拥护者在此还把国家攻击得一文不值。但是，这种对国家的观念的确是黑格尔青年时代的国家观，他的第一个体系纲领绝非这种观点的唯一证明。让我们看看耶稣的传记吧。黑格尔笔下的基督对他的门徒说："你们总希望看到在尘世间建立起上帝的王国。经常有人对你们讲，某个地方有一个乐园，这里人们受到道德规范的约束，人与人之间相亲相爱。别相信这些谎言。别期望在一个冠冕堂皇的团体当中，在一个国家体制当中，在一个教会戒律统治的社会中，看到属于上帝的王国。"[①]

黑格尔喜欢到伯尔尼和楚格的郊区去散步。有一回，他和三个和他一样的家庭教师在一起，前往阿尔卑斯山去旅游。他们去了戈尔德沃尔特冰川，去了赖兴巴赫瀑布，去了圣哥大，跨过恶魔桥，游览了菲尔瓦尔德施塔特湖，最后又回到了伯尔尼。黑格尔对这次旅行感想如何呢？

他对常年积雪的崇山峻岭毫无兴趣。他在自己的旅行日志里写道："不管是视觉还是想象力，都无法在这些形状怪异的大土包上发现什么赏心悦目或足以消遣的东西……理性只是看到了这些山脉的永恒性，或者说看到了人们认为巍峨高耸的相貌，却没有发现什么难忘、称奇或赞美的东西。看着这些毫无生气的大土包，留下的印象只是单调和毫无生气。仅此而已。"[②] 这位年轻的哲学家思想完全集中在了当时的政治与精神生活领域，阿尔卑斯山的威严与雄伟丝毫引不起他的注意。他关注的不是安宁与寂

---

① 黑格尔：《耶稣传》，图宾根：莫尔出版社 1907 年版，第 112 页。

② 约翰内斯·霍夫迈斯特本：《黑格尔思想发展史资料》，斯图加特 1936 年版，第 236 页。

静。倘若在大自然当中看到某种和他的思想相呼应的东西，才能让他感到发自内心的兴奋。当他看到赖兴巴赫瀑布时就是有这种感觉。眼前的一切都在运动当中，虽然呈现的是同一景象，但又不是此刻前的景象。在一个人迹罕至，到处是奇山峻石，难以居住的地方，黑格尔冥想到了目的论的荒诞，因为该理论认为大自然是为了满足人的某种需要才被创造出来的。待在这样的地方，虽然不能确定明天会不会被突如其来的雪崩埋没，但今天却不得不可怜地到山上偷取一点果腹的食物。在这种地方可以产生各种各样的理论，但却产生不了目的论，因为这种理论相信，自然界的一切都是为人类的需要而安排的。黑格尔觉得，他那个时代的特点是，大家宁愿扬扬自得地觉得一切都是一个外在的本体创造的，也不愿承认，是人类自己为自然制定了所有的目的。

符合黑格尔口味的是另一种截然不同的风景，他一生都热爱为人类掌握并加以改造过的大自然。晚年时的黑格尔喜欢荷兰肥沃的牧场、蒙麦特里的花园、多瑙河的谷底和海德堡的郊野。未曾开化的自然让他感到索然无味。

话说回来，久在异国他乡，待在一个死板的贵族之家，让黑格尔感到极不自在。他请求荷尔德林和谢林给他在家乡找点事做，来摆脱这一境况。过了一段时间，直到 1796 年 10 月，在法兰克福当家庭教师的荷尔德林才给他带来了一个好消息——一位叫葛格尔的商人愿以优厚的条件邀请黑格尔做家庭教师。

荷尔德林非常希望黑格尔来法兰克福。黑格尔在父母那里小住了一段时间之后，于 1797 年初去了法兰克福，和荷尔德林见了面，但时间并不长久，荷尔德林得马上离开那里，因为这位年轻诗人爱上了东家的老婆苏珊特·贡塔德，她也热烈地爱上了他。他以《柏拉图对话录》中的《宴饮篇》中女祭司迪奥弟玛的名字来称呼她，他把自己写的诗献给这个女人，他的小说《许佩里奥》的女主人公也叫迪奥弟玛。两人的关系再也瞒不过别人的眼睛，于是荷尔德林只好离开了。

荷尔德林的结局很悲惨。他当时去了法国。那里的革命风暴已日趋消退，到处可见的是贪赃枉法、对军人的崇拜，卑躬屈膝地向上爬的风气开始弥漫。荷尔德林依然热恋着他的迪奥弟玛，秘密和她保持书信往来。不幸的是，从法兰克福传来噩耗，他所爱的人去世了。他立刻从法国动身回国，一路车马劳顿，十分辛苦。甚至有人说他是徒步走回来的。苏珊特·贡塔德的死讯让他痛不欲生，更重要的是他感到个人在社会生活中的"无能为力"，对法国革命的历史作用感到幻灭，感到作为"艰难时代的诗人"前途的渺茫，这一切都加速让荷尔德林陷入精神错乱。

荷尔德林于 1843 年离开了人世。1806 年起他就得了精神病，起初住在一家精神病院，后来由一对外国夫妇照料。其间，黑格尔一次也未探望过他。刚开始他还希望从辛克莱那里打问到他的下落，但辛克莱也不知道情况，渐渐地他俩就不再提起荷尔德林的名字。黑格尔主张理性至上，既然荷尔德林丧失了理性，在黑格尔的眼中，他也就与死亡无异。

1798 年，黑格尔在法兰克福第一次刊印了他的一本译作。该译作是一本小书，原作者不详。封面上的书名是《关于瓦得州对伯尔尼城旧国法关系的密信》。该书译自一位已故瑞士作者的法语本，书中附有注释。本书的作者是瑞士律师，名叫 J.J. 卡特（他在该书出版时仍旧健在），书中揭发抨击了法国人进入之前伯尔尼一直实行的专制统治制度。黑格尔发现，作者的一些想法和他不谋而合。伯尔尼的公民没有自由可言，从权势人物蔑视法律的行为就可以看出来。案件的判决权完全在大小官府。他们没有奉公守法可言。天底下没有哪一个地方会像伯尔尼一样，那么多的人被处死，绞杀，碾死或烧死。对被告的辩护只是流于形式，罪犯根本就没有机会享有这种权利。而最高法院也根本不看案卷，只是草率地批准下级法院的判决。

黑格尔一如既往地关心政治、社会状况和宗教问题。后来，他又对政治经济学产生了兴趣。1799 年年初，他读了英国经济学家詹姆斯·斯图亚特的《政治经济学基本原理研究》一书。这让他开始思考财产问题，发现社会冲突的根源在于财产问题。我们可以从黑格尔在法兰克福写过的一段话里看到这样的内容："在近代国家，保障财产安全是整个立法的关键所在，因为公民的大部分权利与此有关。在古代的一些自由共和国，严格意义上的财产权，也就是所有管理层念念不忘、引以为豪的东西，早就被国家宪法所侵犯了……为了维护共和国的存在，到底得牺牲多少严格意义上的财产权，这是非常值得研究的。倘若认为，法国无裤党的制度要求大幅度地均分财产，是出于贪婪，那未免太冤枉该制度了。"①

看上去似乎这位年轻的哲学家不再关注哲学问题了，但事实并非如此。如果仔细观察，在黑格尔的内心世界，哲学问题依然潜伏着，看似退居二线，且有时候甚至对他起着主导作用。能证明这一点的证据就是黑格尔的一篇没有写完的重要手稿——《基督教精神及其命运》。文章中的主角和以前一样，依然是耶稣，但这里的耶稣已经不是康德伦理学意义上的代言人，而是它的反对者了。乍一看，黑格尔好像在驳斥古犹太人的立法之父摩西。

① 约翰内斯·霍夫迈斯特本：《黑格尔思想发展史资料》，斯图加特 1936 年版，第 268～269 页。

他写道，摩西的十诫是上帝的律令，而非真理。犹太人是不自由的，因为他们依赖于他们的上帝。在他看来，对人类来说，他们所依赖的东西不具有真理意义。不同于希腊人，犹太人是一群奴才，他们的最高真理就在于他们有一个主人。统治与屈从和真理、美及自由是格格不入的。

在黑格尔的描述中，基督要极力改变流行于古代犹太国的拘泥于教规的风气，让人们遵守十诫的精神，心存对上帝和周围的人的爱，这是一种把个人与社会责任融为一体的爱。接着，黑格尔就不再谈论基督和摩西之争了，因为他直接和康德发起了论战。在康德看来，道德及个别服从一般，也就是服从自己的良心。换言之，就是一般战胜了作为它的对立面的个别。相反，在黑格尔看来，其任务是从个别上升为一般，通过这两者之间的调和来扬弃它们的对立。这里体现了黑格尔一个非常重要的思想，这一思想后来促生了他的辩证法思想。同时，就有了这么一个问题：如何才能找到把个别与一般统一起来的非形式的一般呢？辩证逻辑就是从伦理学当中萌芽而来的。

对于这一问题，其任务是如何把个人气质与道德戒律、个别和一般结合起来。可是，黑格尔刚开始提出的解决办法后来连自己都毫不满意。他把生活及其最高表现形式，也就是能够调和矛盾的爱，当作解决这一问题的手段。黑格尔说，"《旧约》中有一条戒律是'不要杀人'。耶稣把和解精神（爱的表现形式之一）与该戒律进行比较，认为前者不仅不违背后者，而且让后者变得多余。他认为和解精神内涵丰富而生动，根本不需要戒律之类的贫乏之物"[①]

---

① 《黑格尔全集》第 1 卷，美因法兰克福：祖尔坎普出版社 1971 年版，第 327 页。

要提到黑格尔精神发展的轨迹，就不得不提到德国的神秘主义。在法兰克福时，黑格尔摘抄过神秘主义大师埃克哈特与陶勒尔的著作。从某种程度上讲，他的不少辩证思想都可以从神秘主义中找到蛛丝马迹。作为伟大的理性主义者，黑格尔年轻时代甚至曾赏识过弗朗茨·冯·巴德尔，因为巴德尔的几何学方法激发了黑格尔的想象力。他想，在一个四边形里画出一些三角形，再在这些三角形里画出一些小三角形，试图以这种方法将世界体系化，但最终发现这种直观的模式根本就是不存在的。

黑格尔仇视正教，而对异教持有好感。在他看来，只要以国家的名义存在的教会继续扼杀人们的思想，异端思想和教派就会永远存在下去。如果黑格尔把宗教置于哲学之上，那么他这里所说的并非官方的教义。正如他在 1800 年秋季撰写的后来命名为《体系札记》的草稿中所说，"正因为这样，哲学不得不和宗教一起完结。因为哲学是一种思维，多少是和非思维相对立的，又多少和思维着的人和被思维的东西相对立……"①

宗教扬弃了一些个别存在的矛盾，体现了生活中某些无限的东西，让一切对抗从中消失。

此后不久，黑格尔的生活进入了一个新的阶段。

这位哲学家已至而立之年。父亲一年之前去世，给他分到的遗产并不多，是一笔约为三千古尔盾的款项。次年（1801 年）1月，黑格尔动身前往耶拿。

---

① 《黑格尔全集》第 1 卷，美因法兰克福：祖尔坎普出版社 1971 年版，第 422～423 页。

科学之科学

黑格尔去耶拿，并非出于偶然。当时德国的大学城当中，还没有一个像耶拿那样精神和文化生活都相当活跃的地方。1789 年起，弗里德里希·席勒担任耶拿大学历史学教授，大大提高了该校的声誉。在耶拿大学，席勒写下了著名的《三十年战争史》、《论人类的审美教育书简》及其《华伦斯坦三部曲》。

1792 年，胡弗兰德开设了一个讲授法国革命宪法的讲座。在宫廷，公爵卡尔·奥古斯特及他的大臣福格特等人，虽然站在保守的立场，对此颇有微词，但他们觉得为了体现一下学术自由，对这类言论不妨容忍一下。1794 年，费希特执教于耶拿大学，在其影响之下，该校的政治越来越激进，最后宫廷借故将其辞退掉了。

原来，在费希特和尼特哈默尔合办的《哲学杂志》当中，发表了卡尔·弗尔贝格的一篇叫《宗教概念的发展》的宣扬无神论的文章。费希特本人虽然自己并非无神论者，也不赞同弗尔贝格的宗教观点，但他认为这篇文章是可以发表的，并给它加了一段序言。结果，就有了 1799 年著名的"无神论论战"。在这场论战中，费希特被指控为不信仰上帝，罪孽重重，并受到官方的谴责，最后被迫离开了耶拿大学。

费希特因为所谓的信仰问题而受到惩罚，对此他愤愤不平。因为，同样在德国，教会首脑约翰·戈特弗里德·赫尔德也提出了一个与无神论的观点如出一辙的哲学体系，并公然出版，却没有受到任何制裁。这一体系是指斯宾诺莎主义，其追随者不但有赫尔德，而且还有他的朋友，担任魏玛公国大臣的歌德。歌德几乎毫不掩饰他对基督教的厌恶之情，认为福音书简直是胡说八道。

歌德和赫尔德身边不乏志同道合的自由思想家，这些思想家中的激进分子已经开始坚持唯物主义的观点了。奥古斯特·冯·艾因西德尔便是其中之一。他当时出名的原因并非出于文学活动，而是他轰动一时的恋爱逸事。他在魏玛喜欢上了有夫之妇艾米丽·维特恩。因为获得了对方的爱情，所以他决定做出一个冒险之举，让艾米丽事先离开魏玛，然后叫人放出了艾米丽死去的传言，接着为她举办了假葬礼，然后他们一起私奔到了非洲。但是，纸包不住火，不久大家就知道了真相。两年之后，艾因西德尔在魏玛重新露面时，大家并没有接受他。他从未发表过自己的作品，他把自己的作品都交给了赫尔德，赫尔德将之抄录了下来。这些手抄报流传了下来，直至1957年才在德意志民主共和国得以出版。

而卡尔·路德维希·克内贝尔的著作则比较完整。他是诗人兼哲学家，十分崇拜伊壁鸠鲁，并翻译过他的著作，是魏玛集团的一员。在他移居耶拿之后，依然和该集团保持联系。总之，魏玛和耶拿是不可分割的，前者是萨克森—魏玛公国的首府，后者则是这个公国的大学中心。

大约在18世纪末19世纪初，在以歌德为核心的魏玛集团之后，出现了浪漫派。它的奠基人和精神领袖是弗里德里希·冯·

施莱格尔。施莱格尔最初沉浸于革命思想，但后来就对它失望了，于是就抛弃了。当然，他也不愿顺从专制制度和警察的专横，不愿过庸俗的市民生活。所以他把目光放在了过去，首先对德意志民族文化产生了兴趣，后来又转向天主教。这一点，他和兄弟奥古斯特·威廉·冯·施莱格尔，朋友诗人诺瓦利斯、瓦肯罗德尔和蒂克等，是极为相似的。他们都关心个人的命运，憎恨贪婪阴暗的资本主义世界，而且都相信艺术能起到拯救作用。相传人们在艺术创作中才能获得真正的自由，而最可靠的工具则是嘲讽。获得自由的另一个途径就是爱，它要求感情解放。爱在浪漫派的纲领中占举足轻重的地位。由于弗里德里希·冯·施莱格尔和一位银行家的妻子多罗特娅·法伊特有染，在周围的老百姓当中引起了一场轩然大波。后来，他们的"自由恋爱"有了结果，俩人最终结了婚，一同改信了天主教。他把这件事写进了小说《卢辛特》。而卡洛琳娜·伯麦尔情况就更有传奇色彩了。她聪颖坚强，早年守寡，在美因茨和福尔斯特一起并肩作战，共和国失败之后身陷囹圄，被奥古斯特·威廉·冯·施莱格尔救了出来，嫁给了他。后来，她又嫁给了第三任丈夫谢林。

浪漫派的思想原本倾向于费希特哲学。但是，谢林的思想，特别是他对自然、艺术和宗教的崇拜，更加吸引了他们的注意力。

谢林很早就在哲学上崭露头角。1798 年，只有 23 岁的他就已经当上了耶拿大学的副教授。这位早熟的学者在哲学领域享有革命者的声誉，是一位才华横溢、著述颇丰的演说家，也是大学生们崇拜的偶像。他的课堂深受欢迎，经常被学生围得水泄不通。

黑格尔为他的这位老朋友、老同学有如此的殊荣而备感高兴。虽然谢林小他五岁，但他在大学时就像对待老师一样对待谢林。到耶拿之后，他们俩就住在了一起。两人不但私人关系好，而且也有共同语言,这使得他们俩的友谊越来越深。黑格尔以自己的名字署名的第一部著作就是替谢林辩护的。

这书的题目是《费希特哲学体系与谢林哲学体系的差别》。黑格尔写这篇论文的原因是莱因霍尔德宣称"哲学领域的革命已经进行过了",而且谢林的观点只不过是费希特论点的重复而已。黑格尔在文章中说,虽然法国一再声称"革命已经结束",但革命一直在进行着。说到德国哲学,革命尚未发生,康德只不过开了一个头而已。

为了弄清黑格尔观点的脉络,最好了解一下康德《纯粹理性批判》中的一些观点。人们在整个哲学史当中一直认为认识带有被动、直观的性质,而康德在该书中破除了这一观点。他第一个发现了意识的"能动性"。马克思认为,对认识能动性的研究,是德国古典唯心主义最基本的贡献。从辩证唯物主义的视角看,人是以自己的行动为参照来观察事物的,意识不仅反映客观世界,而且还能创作世界。这一观点就源于康德。在康德看来,人类无法接触到自在之物的世界,而只能接触到现象世界。认识能力最重要的任务就是构成这个现象世界。

人们总把康德与哥白尼相比。例如,海涅写道,"以前理性就像太阳一样绕着现象世界转,想把它照亮;但康德却让理性这个太阳停了下来,结果现象世界绕着理性转了起来,而且只有它运行到了太阳的光线里,才能得到它的沐浴"[1]。

康德还有一个重要性毫不逊色于此的发现。他断言,在认识的过程中,矛盾不可避免。他态度坚决地认为,倘若人的理性试

---

[1] 海因里希·海涅:《著作书信十卷集》第 5 卷,柏林:建设出版社 1961 年版,第 265 页。

图进入自在之物的世界，就必然会遇到矛盾。传统观点认为，矛盾是谬误的标志，康德摆脱不了这种观点，所以他得出了这样的结论：理性无法完成自己的任务。

理性和知性分属认识的两个不同领域。知性对感官和直觉进行加工处理，将其分成具有普遍性的科学思维成分。它属于自然科学的范畴。而理性则属于哲学，从广义上讲，是形而上学的较高阶段，它在超越知性的同时，认为能揭露各种现象的内在联系及其本质。但康德认为这是做不到的。黑格尔在他的第一篇哲学论文的开头，用如下开头论述康德的观点："如果知性原本要靠理性来补正，那么理性反过来也要靠知性来补正。"①

费希特继承了康德的意识能动性的思想。黑格尔评论说，费希特并没有拘泥于康德的学说，而是保留了它的精神实质，让它摆脱了自在之物可悲的矛盾性。人类面对的永远都是自己的行动过程和结果。所以，费希特非常肯定地认为，存在之物的基础是称之为"自我"的主体。同时，费希特以新的方式看待康德的矛盾问题。在康德看来，矛盾是追求理性的过程中无法逾越的障碍。费希特则持相反的观点，认为矛盾具有创造性，是行动与发展之源泉。"自我"必然会向"非我"转化，并与之相融合，实现思维与存在的同一。不难看出，费希特比康德更具辩证思想。

这里需要解释一下费希特思想的几个术语。"许多人以为费希特所谓的自我误解指的是他自己，但这个个别的自我又否定其他一切存在的。'岂有此理！'善良的人民叫喊起来，'他竟然不相信我们的存在。我们要比他胖得多，我们是市长和书记官，还

---

① 格罗克纳本：《黑格尔全集》第 1 卷，斯图加特：弗罗曼出版社 1958 年版，第34 页。

是他的上司呢！'女士们则质问道：'难道他连自己太太的存在也不相信吗？费希特太太难道对此置之不理？'然而，费希特所指的自我，根本不是个别的自我，而是被意识到的普遍世界的自我。费希特所谓的思维，不是单个人的思维，或者某个名叫约翰·哥特利勃·费希特的人的思维；这是一种体现在每一个人身上的普遍思维。正像人们说：下雨了，打雷了，等等。费希特也并不会说'我思维着'，而是说'思维着'，'普遍的世界思维在我脑子里面思维着'。"[1]

在费希特看来，出发点并不是个别的人，不是某一个"自我"，而是作为群体的"我们"。但这样界定并没有超越费希特主观唯心主义的思想，因为按照他的观点，最初的动因依然是主体没有前提的行动。费希特提到思维与存在的同一性时，是以主体作为同一性的体现者为前提的。

对于思维与存在的同一性问题，谢林则持不同的观点。他认为客体因素是同一性的体现者。谢林维护行动的原则，可他把这一原则指向了大自然。他的这一观念让德国哲学思维步入了一个新的转折点，即把研究对象转向了自然科学，甚至在某种程度上还具有唯物主义的特色。

德国是一个有着古老的唯物主义传统的国度。这种唯物主义传统始于中世纪时的泛神论的学说，并且在斯宾诺莎思想和经验科学那里得到了发展。年轻的谢林吸收了这一成果，虽然其思想体系是建立在唯心主义基础之上的。谢林甚至认为他是费希特思想的追随者。在费希特的思想体系中，一方面以主观为出发点，

---

① 海因利希·海涅：《著作书信十卷集》第5卷，柏林：建设出版社1961年版，第275～276页。

另一方面又假定了一个普遍存在的自我，从而对主观主义的片面性做出了限制。这种矛盾，让谢林和其他人一样，没有看到自己的创新之处。恩格斯评价道，"是黑格尔使谢林意识到，他已经在不知不觉中远远超过了费希特"①。恩格斯的这段话，就是指黑格尔的那本《费希特哲学体系与谢林哲学体系的差别》一书。

在这篇论著里，黑格尔完全站在了谢林的客观唯心主义的立场。他对主观唯心主义提出了批判，认为它等同于形而上学的、独断的唯物主义。在他看来，二者都有其片面性——主观唯心主义否认客体的独立存在，独断的唯物主义则否认主体的能动性。唯有将主体和客体统一起来，才具有现实意义。费希特的思想当中也有一个同样的术语，但区别在于，主体在这种统一体当中起着主导作用。因此，黑格尔特别强调，费希特构想出了"主观的主体与客体统一"的模式。他的这种同一性必须由"客观的主体与客体统一"的模式来补充。存在之物包括这两个因素，不但生产着这两个因素，而且本身也产生于这两个因素。

黑格尔的《费希特哲学体系与谢林哲学体系的差别》一书于1801 年 7 月完成。这时，他开始谋划登上大学讲堂了。要在大学授课，还得符合两项条件：一是让外邦证书获得认可；二是获得大学授课资格。前者就是让耶拿大学哲学院承认他在图宾根神学院获得的学位。这项手续较为好办，只需交阅学位证书，并缴纳付给学院成员 22 塔拉 20 格罗申的费用。至于后者，即取得大学授课资格，需要申请人具备学者和教师的水平，这需要经过审核才行，还得缴纳 2 塔拉 20 格罗申作为聘请哲学院院长参加审核和答辩的费用。

---

① 《马克思恩格斯全集》补编第 2 部分，柏林：迪茨出版社 1967 年版，第 178 页。

1801年8月13日，黑格尔递交了请求承认他的外邦学院证书的申请。他希望能在冬季学期开始上课。因为9月初就要印制授课表，所以得尽快办妥。可是，院长在一份通告中向全体学院成员提议，把他编进了春季学期的授课表，而且仅限于试讲，还责成他在春季进行学位论文答辩。学院成员找不出不承认他的学位证书的理由。要知道，乌尔力希教授是代表官方鉴定并准许出版《费希特哲学体系与谢林哲学体系的差别》的。他读过这篇论文之后，对黑格尔赞美有加。学院资历最深的教授、枢密顾问祖科夫，像平素一样抱怨说："过不了多久，我们这里老师和学生就一样多了。那些斯瓦比亚的先生们，想必都想搬到这里来，把这座三百多年之久的高等学府重组一番。"不过，就连他也找不到反对把黑格尔列入耶拿大学授课表的理由。

该学院关于黑格尔议论最多的是，他这个来自符腾堡的人没有物质保障，担心他会不会申请补助金。原因是，不要说刚刚开课的讲师，就连副教授们也经常拿不到自己的薪水。虽说讲师可以从听课的学生那里获取一点点报酬，但要维持生活，那显然是不够的。所以，只有有资产的人，才能从事教学事业。黑格尔声明，他有几千古尔盾的资金，再次提出给他颁发讲课证书。但学院坚决要求他履行正常手续——先将论文印刷出来，然后送给学院成员，最后参加答辩。当时已经到了8月底，要办完这些手续，显然是来不及了。最后，根据乌尔力希教授的提议，让黑格尔提出论文的要点，以后再提交论文，暂时根据提纲进行答辩。按照大学相关规定，是可以这么做的。半年前，弗里德里希·冯·施莱格尔就是这样获得授课资格的。

最后，黑格尔根据他提交的《论行星轨道》一文的提纲参加了答辩。提纲总共有十二条，用拉丁文撰写，并印成了五页的小册子。他按照学校的规定，在星期日祷告结束后，散发给了学院的成员。他的这十二条提纲，和行星相关的内容并不多，大多可以看作是他以后作为讲义的一般哲学原则。其中的一系列问题，是作为似是而非的怪论提出来的。也刚好符合他的初衷，因为这些提纲目的就是为了引起大家的争论。另外，从这些提纲当中可以看到黑格尔未来辩证法思想体系的雏形。

哲学的核心问题在他提出的第一个论点："凡是真的东西，其规律是有矛盾；凡是假的东西，其规律是无矛盾。"[①] 这当然并不等于黑格尔想废除形式逻辑。他从来没有想过概念会同其自身相矛盾，或同经验相矛盾。同一律没有错，但是，思维想要表达发展情况，仅凭同一律是不够的。在这里，黑格尔只不过重复了谢林在《自然哲学思想》一文当中已经有过的论点而已。在那篇文章里，谢林提到了真正现实的普遍矛盾性问题。在自然界，对立的力量无处不在起作用。所以，自然科学必须以普遍二重性的原则为基础。真理并不等于对立的力量同一或者不同一，而是两者的统一。康德早已说过，如果思维想深究事物的本质问题，矛盾永远是不可避免的思维结果。然而，康德的局限性在于，他把这看作是人类智力有限的例证。只有到了费希特那里，才把矛盾看作是创造性的原则。发现矛盾就等于发现了发展的动力。

从他的提纲，不仅看到了黑格尔未来思想体系的核心，而且看到了它的外形。他提出的第二个论点是：三段论是唯心主义的原则。我们知道，三段论包括三个部分：两个前提，一个结论。这种三分法在康德的范畴表和费希特的"自我发展过程"论述当中都已经提到过。但是，在黑格尔的哲学思想体系当中，它却成

---

① 卡尔·罗森克兰茨：《黑格尔传》，第 156～159 页。

了最基本的出发点。

黑格尔的第三个论点也必须从这个意义上来加以理解。他的这个论点是：正方形是自然的法则，三角形是精神的法则。对于发展的三重性原则，黑格尔只是在精神现象的视角看到了它在起作用。黑格尔认为，自然是不知道什么是发展的。就这一问题，黑格尔和谢林后来观点上产生了分歧。

不过在两人产生分歧之前，黑格尔依旧追随着这位比他更加年轻的老师。他们还一起攻击康德的思想，认为其批判哲学缺乏思想，是一种形式不完备的怀疑论。这一观点在黑格尔晚年的著作当中，有详细的论述。

年轻的黑格尔一眼便看出了康德哲学思想的矛盾性：批判哲学所提出的理性公设的材料恰恰摧毁了这一哲学，并且是斯宾诺莎主义的一个原则。既然在康德看来，自在之物是不可认知的，那么，他也就理所当然地驳斥了上帝存在的逻辑论据。可是，康德把宗教赶出大门的同时，又把它从窗户里放了进来。在他看来，最高本体的存在，并不需要任何逻辑论据。显然，康德的批判主义在这里完全变成了独断主义。

在黑格尔提纲的末尾，是两个相当冒险的论断："德行并不包含主动或被动的无辜。完满的伦理完全排斥德行。"此前他还说道："自然状态无所谓不义，所以才需要摆脱它。"在他看来，进步的工具不是善和正义，而是恶与不义。就这样，他已经完全不再有青年时代的乌托邦幻想了。

在他的提纲里，与行星有关的论点只有一个，那就是其中的第五个论点。该论点认为：磁性是大自然的杠杆，太阳对于行星的引力则是大自然的钟摆。后来，黑格尔在为获得教师资格而撰写的论文当中，详细地论述了他的天文学观点。而他的答辩内容则仅限于哲学上的问题。

在黑格尔的答辩过程当中，谢林的弟弟、学生卡尔·谢林以辩护人的身份出现。他的职责是维护候选人的观点。以辩驳人身份出场的是谢林和尼特哈默尔两位教授以及学生施瓦错特。

根据惯例，黑格尔首先表达自己的谢意，特别是对辩驳人的谢意。他下面这番表达谢意的言辞，若非用拉丁语讲出来，就让人感到十分的肉麻："世界上最聪明的、最尊敬的谢林教授先生，我请求您把提纲中不同意的一切论点在这里公开指出来。这次答辩目的就是为了向您请教。毋庸置疑，能够得到您的支持，我感到是多么荣幸。不是同时代人，也不是朋友们，唯独后代，唯独科学（因为它是永恒的）才配得上评价您的精神的高贵力量，评价您的精神能力。请允许我推崇您为一位真正的哲学家。"[1]

这次答辩对黑格尔来说就像一次盛大的典礼。让他感到十分欣慰的是，副校长和院长也莅临现场指导。他十分感谢国王对科学的关爱，也感谢学院和所有出席他答辩的人对他的关注。

举行黑格尔授课资格答辩的日期是 1801 年 8 月 27 日。这一天刚好是他的生日。答辩成功之后，哲学讲师奥尔格·弗里德里希·黑格尔从此便开始了他的执教生涯。

答辩结束之后，黑格尔开始撰写他的论文。他手头已经有一份关于天文学问题的手稿，这篇长篇手稿或许是他在来耶拿之前就已经写好了的。现在他需要做的是把它压缩之后翻译成拉丁文。一个月之后，论文还没有交到学院。似乎大家已经忘记了这件事情。逻辑学和形而上学主讲人亨宁斯本来是批准了黑格尔讲

---

① 约翰内斯·霍夫迈斯特本：《黑格尔思想发展史料》，斯图加特 1936 年版，第313 页。

课的申请，可是他突然改变了主意。要不是他这个符腾堡人的敌人从中捣乱，结果不会是这个样子的。10 月 18 日，他怒气冲冲地写信给院长，信中说："本人事先对黑格尔博士先生尚未递交他的论文一事一无所知，所以才表示同意。"[1] 并要求立即对黑格尔采取措施。"请您派人撤掉黑格尔博士先生的讲课表。因为这一切都不是正大光明搞到手的。"[2] 就在同一天，《论行星轨道》的哲学论文就交到了院长的手里。

和那个时代的其他论文一样，他的这篇作品充满了批评的语调。他满怀激情地批判了机械主义和经验主义。在这篇论文中，牛顿被视为二者的代表人物。黑格尔把刻卜勒同牛顿对立起来，认为他是这位英国物理学家的对手，原因是他认为自然界是一个整体而不是割裂的部分。黑格尔当时的许多观点现在看来有些可笑。在他看来，力学的不幸在于不知道有上帝的存在。出于对机械主义的排斥，他回到了早已过时的亚里士多德的物理学观点：一块石头落到地面的重力，其性质不同于那些并不落到地面的星球相互之间起作用的重力。在黑格尔看来，让牛顿想到万有引力定律的那个苹果并不是什么好兆头。绿苹果已经预示过两次灾难：一次是夏娃的苹果降祸到了人类；另一次是巴利斯的苹果则让特洛伊人遭殃。

当年苏格拉底把哲学从天上搬到了人间，让他走进了凡人世界。如今的哲学，又重新返回了天上，认识到了天体的法则。据说，哲学在解决一个悬而未决的问题上特别有帮助，即数学家和天文学家提丢斯提出的规律性问题。先假定一个数列——3，6，

---

[1] 《黑格尔研究》第 4 卷，波恩：博威尔出版社 1967 年版，第 41 页。
[2] 《黑格尔研究》第 4 卷，波恩：博威尔出版社 1967 年版，第 42 页。

12，24……然后将数列中的每一个数字加上 4，那么按照提丢斯的观点，我们所得到的数字就能表示各个行星与太阳之间相应的距离。1781 年，赫歇耳发现了天王星，进一步证明了这个经验法则。依照提丢斯法则，天文学家们推测，在火星和木星之间还应当有另外一颗行星。天王星发现之后，他们马上着手寻找那一颗尚未发现的行星。而在黑格尔看来，他们的做法是白费力气，他认为提丢斯法则是经验主义的，不能用于实际生活。黑格尔引用了毕达哥拉斯学派的一个数列——1，2，3，4，9，16……来证明自己的观点是有道理的。他说："如果这一数列比上面提到的那一个算术级数更符合大自然的真正秩序，那么显然，在第四和第五个数之间就有一个巨大的空白，也就是说，那儿不能发现任何东西。"[1] 然而，早在 1801 年 1 月 1 日，意大利天文学家皮亚齐在巴勒莫天文台观测的时候，就已经找到了火星和木星之间的第一颗小行星——谷神星。这一发现引发了一些笑话，让许多人对黑格尔的辩证法有所怀疑。

黑格尔之所以犯了这么一个错误，显然是因为在撰写论文的时候，利用了当时拿到耶拿的那份手稿，而那篇手稿是在皮亚齐发现谷神星之前写的。很难判断，他在 10 月份提交自己论文的时候是否已经知道了这一发现。他迟迟没有提交论文的原因，是不是因为他已经发现理论提纲和现实相矛盾，从而让他感到了不自信呢？事实并非如此。因为黑格尔在 1801 年 12 月准备给胡夫纳格尔博士送一份论文的时候，也没有在内容方面表达任何意见。

在写给胡夫纳格尔博士的信中，他说自己计划和谢林共同出

---

[1] 格罗克纳本：《黑格尔全集》第 1 卷，斯图加特：弗罗曼出版社 1958 年版，第 28 页。

版《哲学评论杂志》。这份杂志的任务是，"……剔除非哲学的糟粕；杂志有各种各样的武器，人们可以称其为棍棒和鞭子；一切都是为了行善，为了尊崇上帝……"①

很早以前，黑格尔就有了创办杂志的计划。出版商科塔原本想委托谢林和费希特来编撰这份杂志，还预约了施莱格尔兄弟两人。但是谢林执意要和黑格尔一起来做这项工作。他们两人不但是编辑，而且还是已经出版了六期的杂志所有稿件的作者，这些稿件都没有署名，所以到今天也不知道哪一篇是谁写的。

他们的第一期杂志于 1802 年年初出版，开卷第一篇文章就是由黑格尔写的，文章的题目是《综论哲学批判之本质，及其对哲学现状之关系》。这篇事先经过谢林修改的文章，提出了该杂志的纲领。

批判主义打破了对权威的信仰，思维的独立性得到了大家的推崇。倘若哪个哲学家把自己标榜为某一现存理论的继承人，便会引起舆论界的哗然。人人都在创造属于自己的体系，认为唯独这样才能够显示出自己思维的独创性。哲学界的这种现状让黑格尔感到十分沮丧。他坚信，就像只有一种美一样，同样也只有一种真理。他认为，"只有一个哲学，并且只能有一个，只有一个因为理性……"② 不同哲学思潮的存在，是由精神不完备和认识不充分造成的。每一种学说多多少少都包含一些真正哲学的思想，但包含有多少，还得由哲学批判说了算。该杂志的第二个任务是要确定真理究竟是如何形成一个合乎科学的哲学体系的。倘若思维没有体系性，那么我们就会看到"一个糟糕的心灵形象，

---

① 《黑格尔书信集》第 1 卷，汉堡：梅纳出版社 1952 年版，第 65 页。
② 格罗克纳本：《黑格尔全集》第 1 卷，斯图加特：弗罗曼出版社 1958 年版，第 174 页。

它既懒于保护思维坠入堕落，又没有胆量自己陷身堕落，将其罪过一直忍受到解脱为止……"①

　　不管是谁，如果想给哲学强行披上一件带有个人口味或错误原则的外衣，哲学批判都得加以反对。个性不同于主观主义，前者有助于揭露客观思想，后者会让真理变味。要喊出反对主观主义和局限性的口号。空谈是哲学真正面临的灾难。如果这样的空谈再加上一些科学术语，就会让人信以为真，很容易传播下去。谁也不会料到华丽的外表之下会裹着糟粕的东西。

　　蹩脚的经验主义是哲学思维的又一大敌人。经验主义企图调和哲学与常识之间的矛盾。然而，根据常识（也就是人类时空的局限性），哲学世界永远是一个颠倒的世界。"当前讲究自由、平等的时代，已经产生了很大一批公众，他们不愿了解自己无缘得知的一切，只想依附于一切好的或利己的东西，所以最美好的事物都免不了如此的下场，即庸俗难以上升到它认为比自己更高的事物的水平，于是便把这个事物也弄到如此庸俗的地步，直到可以掌握它为止，而庸俗化则一跃成为一种公认的有益之物。"②

　　正是出于这方面的原因，黑格尔当时反对哲学思想的普及化。在这篇文章的结尾，黑格尔号召和敌人做不懈的斗争。在他的眼里，这些敌人在哲学上并不具备平等的权利。他认为，承认敌对派的地位，就意味着让自己丧失了普遍性，从而体现出自己的不足。

　　《哲学评论杂志》的纲领大体上就是这样的。号召和敌人做无情的斗争，决不妥协；认为几种观点不能共存；认为真理不但

---

　　①　格罗克纳本：《黑格尔全集》第1卷，斯图加特：弗罗曼出版社1958年版，第176页。

　　②　格罗克纳本：《黑格尔全集》第1卷，斯图加特：弗罗曼出版社1958年版，第185页。

是统一的，也是唯一的。他们认为，在建筑真理的大厦之前，必须先要清理好地基。他们两人都积极地投入了这项任务。

他们的第一个抨击对象是一位迂腐的先生。他们文章的标题是"庸俗的知性是如何看待哲学的——评克鲁格先生的著作"。这位威廉·特劳戈特·克鲁格和黑格尔同岁，当时在维滕贝格哲学院任助教。他写过三本非常乏味的著作。他就是《综论哲学批判之本质，及其对哲学现状之关系》中批评的空谈假理论的例子。对付这样的敌人，黑格尔简直不费吹灰之力。

另一个被他们抨击的对象是 G. E. 舒尔策。他摆出一副怀疑主义的架子旗帜鲜明地反对教条主义，写文章时假托古典怀疑主义者艾因西德马斯。黑格尔写了一篇题为《怀疑主义与哲学的关系，怀疑主义的不同形式，最新的怀疑主义和古老的怀疑主义的比较》的文章，揭露了舒尔策思想独断主义的性质。黑格尔认为，舒尔策并没有吸收古典怀疑主义的精华，所以只能算作怀疑主义的变种，他也没有资格打着艾因西德马斯的旗号招摇过市。舒尔策企图以感官知觉为出发点，但古典怀疑主义正好反对夸大感官知觉的可靠性。这位新艾因西德马斯认为可靠的东西，恰好老艾因西德马斯认为是不可靠的。

《哲学评论杂志》的第四篇文章的题目是《信仰与知识，或以康德、雅科比与费希特哲学为其完全形式的主观性反思哲学》。文章向这三位哲学家发起了论战。他们三人的思想体系有一个共同特点，都认为信仰优先于知识。然而，黑格尔并不这样认为。他把科学放在了首要位置。他后来建构的思想体系当中，哲学的地位比宗教还高。

这里隐藏着他和谢林之间的分歧。正因为这种思想上的分歧，俩人不久就分道扬镳了。在耶拿大学的时候，谢林起初认为艺术是精神活动的最高境界，后来又认为这种最高境界是宗教。黑格尔在去耶拿大学之前，也确信宗教的优先地位，到耶拿之后，却把哲学放到了首要位置。如果说谢林认为真理是通过知性直观而获得的，那么黑格尔则认为真理只能合乎科学体系，原因是非精神贵族是具备不了知性直观的天赋的。于是，除了少数人，知识无人问津。谢林拿贺拉斯"我憎恨无知的人群，同他们离得越远越好"作为自己的座右铭。在认识论方面，黑格尔是一个民主主义者。从黑格尔的一段草稿中，可以很清楚地看到他的新立场："简而言之，哲学作为理性的科学，不但是由于其存在的普遍性，更是由于其本质的普遍性。它是为一切人所有的。自不待言，并非所有的人都能掌握哲学，正如并非所有的人都能成为君主。有些人高居他人之上，其可恨之处在于，他们认为这只是天性的差异造成的。"[①]

另外，黑格尔和谢林在对国家的态度上也产生了分歧。和康德一样，谢林把社会机构看作是不可避免的祸害。有了国家，人们得舍弃自己的部分权利，如果没有国家，他们又会陷入无政府状态。他们不可能同时生活在这两个截然相反的状态当中。即便是个别的国家，也不可能永远在冲突中永久存在下去。出于需要，人们成立国家；同样，国家也出于需要而结成联盟，即一个"国际最高法庭"，来传播和平与正义。

虽然几年之前黑格尔认为可以接受这样的观点，但现在他的观点发生了变化。在《哲学评论杂志》的第五篇文章中，他论述了自己的新观点。这篇文章的题目是"论自然法的科学处理方式、自然法在实践哲学中的地位及其与实证法学的关系"。黑格

---

① 卡尔·罗森克兰茨：《黑格尔传》，柏林 1844 年版，第 186 页。

尔在文中首先批判了其他观点之后，开始阐述自己的纲领。他认为自己已经找到了人与人之间所需要的个别与一般的和谐一致问题。在这里，他第一次阐述了他的伦理观：伦理就是纯粹的民族精神。黑格尔重复了亚里士多德的话——民族在逻辑上优先于个别的人。符合伦理要求，就意味着按照自己的民族、乡土和国家的风俗习惯来生活。国家是一个基于道德的机制，战争可以促进它的健康发展。黑格尔认为："这里……提出了战争的必要性；战争……会使各民族保持伦理上的健康，就像刮风会使海洋不至于腐败发臭一样；长期的静止是会使海洋腐败发臭的，长期的乃至'永久的和平'也会使各民族腐败发臭。"①

　　读到这篇文章，谢林一定会感到很恐怖吧。不过，和黑格尔争辩也没有什么价值。再说，谢林已经要打算离开耶拿。谢林的离开使他和《总汇报》断绝了关系，接着另一些教授也因此而离开了耶拿，让耶拿一度陷入危机。当时，卡洛琳娜·伯麦尔与施莱格尔离婚，然后又嫁给了谢林，这也是谢林决定离开耶拿的原因。1803 年 5 月，谢林和黑格尔分手，《哲学评论杂志》也随之停刊。谢林去了维尔茨堡，在当地大学任教，深受巴伐利亚王子的青睐，后被召往慕尼黑。在那里担任科学院院士和艺术院秘书长。年方 32 岁的谢林，获得了至高的荣誉。但是，不久之后他就江郎才尽，再没有写出有创造性的哲学著作。

　　谢林离开耶拿后的头几年，黑格尔和他之间还保持着一定的联系。但是，黑格尔的《精神现象学》出版之后，两人的关系便彻底决裂了。

---

　　① 格罗克纳本：《黑格尔全集》第 4 卷，斯图加特：弗罗曼出版社 1958 年版，第 487 页。

精神漫游

　　黑格尔当上了教员兼编外讲师，这也算不上什么成就。在讲台上课的时候，就像是待在家里的书桌前一样，翻翻笔记本，寻找即将要讲的段落。同时，吸吸鼻咽，又咳嗽又打喷嚏。他讲课声音低沉，字斟句酌。遇到简单明了的事物时，更是如此。让人觉得这些事物过于浅显，才使得他非常郁闷。可是，当他谈及问题本质的时候，就会变得声音洪亮，两眼发光，得心应手。然而，即便在这种情况下，他的言谈举止和内容极不相称。他从来没有考虑过如何把内容讲得浅显易懂，所以别人给他一个外号叫"木头黑格尔"。第一学期他的班上只有十一个学生，这也可以理解。因为和他一同开哲学课的老师有十二个，其中有六位是教授。

　　即使到了后来，在耶拿大学听黑格尔课的学生也没有超过三十个。不过，他们都是黑格尔的铁杆粉丝，不仅非常崇拜黑格尔，也体会到了思辨哲学的奥妙，把黑格尔奉若神明。这些学生瞧不起其他的听众，也不和他们接触。在他们眼里，黑格尔就是一个圣者，一个高高在上的本体，他讲的内容有时候虽然很难理解，但全是毋庸置疑的真理。和他的才华横溢相比，其他一切都显得微不足道。他们对黑格尔的尊敬几乎都包括到了平时的生活琐事上。他们聆听黑格尔讲的每一句话，并加以诠释，试图弄明白每一个字所包含的意思。例如，有一个学生打算到维尔茨堡去。黑格尔说他在那旦有一个朋友，就是谢林。于是学生开始解读朋友一词的含义。他们想：黑格尔口中的"朋友"一词，到底是按普通意义来理解，还是别有用意？

黑格尔经常陷入深思当中，什么事情也干扰不了他，显得宁静脱俗。有一次，本来是下午三点的课，他心不在焉地两点钟就去了教室。教室里听课的是另一批学生，但他没有注意到，就在讲台上坐了下来，开始授课。有个学生暗示他走错了教室，可他根本就不理会。根据课程表，这节课应该由奥古斯蒂教授来上。奥古斯蒂走到教室门口，发现黑格尔在上课，还以为自己迟到了一个小时，于是赶快转身回去了。三点钟的时候，黑格尔的学生们都来了。显然学生们已经知道了这件事，就好奇地看着他们的老师如何摆脱这种尴尬的境地。黑格尔说："各位，感官可靠性究竟是否真正可靠，首先取决于自身的意识经验。我们一直认为感官是可靠的，本人在一小时以前却对此有了一次特别的体验。"[1] 他的嘴角露出了一丝微笑，接着又消失了。接下来，一切照常进行。

黑格尔的学生、副校长的儿子格奥尔格·加布勒这样评价他的老师："相貌端正…… 一双大眼睛炯炯有神，可以看出他是个内向的思想家，他的眼光让人望而生畏，让人敬而远之。然而，他说话和气，待人友善，很得人心，让人愿意和他接近，他的微

---

① 《黑格尔研究》第 4 卷，波恩：博威尔出版社 1967 年版，第 71 页。

笑有一个特点，是我在别人脸上从来没见到过的……他微笑的时候，善意中夹着些锋利、尖刻、讽刺，这表明他有深邃的内心世界……我想把这种微笑比作穿透重重云雾，照亮黑暗的一缕阳光……"①

黑格尔在耶拿的日子并不太好过。他不被人理解，被看作"愚昧主义者"。学校的上司们也经常和他过不去。可是，黑格尔哲学上的对手讲师弗里斯，一来到大学就受到了支持，平步青云。黑格尔越来越想离开耶拿，在这里待着实在是让人无法忍受。当时，浪漫派已经解体，最好的教授都离开了耶拿。他给海德堡的一位朋友写了封信，打听他们那里有没有教师空缺。

黑格尔突然得到消息，耶拿大学正在向魏玛宫廷为他的对手弗里斯申请教授头衔。弗里斯比黑格尔年龄小，授课资格也取得晚。在魏玛宫廷，黑格尔有一个大靠山，也就是当时任大臣的歌德。这位伟大的诗人兼思想家非常同情年轻的黑格尔的遭遇。他把黑格尔看作谢林的继承人，看作和牛顿做斗争的同盟者。歌德想推翻光的折射理论。他做了一次不怎么成功的实验，便认为他的观点是有道理的。他没有把光分解成小的组成部分，也没有看到光谱，只看到了一些凑在一起形成一种颜色的黑白点。歌德仅凭这一实验，便认为所有颜色都是由两种颜色混合而成的——白色和黑色。云层遮挡的太阳给人以黄色的印象，烟雾在阳光里呈现出蓝色。歌德花费了大量的时间和精力，做了许多的实验，写出了上千篇文章，其目的都是为了推倒牛顿的理论。

黑格尔向歌德诉说自己不公正的待遇。他在给歌德的信中写道："听说我的几位同事近日可望获得哲学教授的头衔，因此不

① 《黑格尔研究》第4卷，波恩：博威尔出版社1967年版，第69页。

禁想起，我是这里最老的哲学编外教授，既然最高当局将荣誉授予别人，那么我在这所大学效力的机会也就不大了。不知这种顾虑是否合理，敢请阁下赐教。"①

歌德的介入显然起了作用。魏玛公国的君主奥古斯特向其他公国君主发出协商函。耶拿大学是由萨克森—魏玛、萨克森—哥达、萨克森—萨尔菲尔德—可堡和萨克森—迈宁四个公国一起出资合办的。涉及大学的每一项规定，必须取得四个公国政府的一致同意，才能生效。经过协商，四国君主一致决定弗里斯和黑格尔都荣升为教授。其中第一个表态的是可堡的弗朗茨公爵，最后一个是魏玛的卡尔·奥古斯特。

虽然暂时还没有拿到薪水，但让黑格尔感到欣慰的是前途有了希望。他又想办法在海德堡求职，并且向柏林打探消息。那里即将创办一所新大学，也不相信在那里找不到工作。可是，弗里斯已经被邀请到了海德堡，而柏林的职位也留给了费希特。

时至 1806 年 6 月，歌德才想办法给黑格尔弄到一份一年一百塔拉的微薄薪水。再经过层层克扣，拿到手里已经不到八十塔拉。在耶拿大学，一个节俭的大学生，维持基本生活，也得大约二百塔拉。可以看出，黑格尔的收入是何等寒酸。学生付给他的讲课金（每个学生一年给他交三个银塔拉）也少得可怜。所以，黑格尔不得不在生活上省吃俭用。

自《哲学评论杂志》停刊之后，黑格尔再没有出版什么作品。他的书桌上堆着几本手稿，有德国宪法、伦理体系，还有一部已经写了很久，但依然没有书名的长篇巨著。

黑格尔写给约翰·海因里希·福斯的一封信中，第一次提及

---

① 《黑格尔书信集》第 1 卷，汉堡：梅纳出版社 1952 年版，第 84 页。

他正在撰写的《精神现象学》一书。1805 年的时候，他曾请福斯帮他谋职。1806 年 2 月，班堡的出版商格布哈特着手排印这部尚未完成的手稿。因为黑格尔的进度没有跟上排版的需要，中途就搁置了下来。黑格尔并不急于完成这部著作，出版商也不愿按最初的约定付给他稿费。双方僵持不下，最后要不是尼特哈默尔从中周旋，这本著作就永远和读者见不了面。

这里有必要介绍一下黑格尔的这位忠诚的朋友。从到达耶拿直至去世为止，唯一一位和黑格尔一直保持密切联系的人，就是这位弗里德里希·伊曼努尔·尼特哈默尔。尼特哈默尔比黑格尔大四岁，出生于符腾堡地区，和黑格尔一起在图宾根神学院就读。1792 年，他在耶拿定居了下来。在和费希特一起创办《哲学杂志》时，对于刊登弗尔贝格的文章这件事上，他俩都有责任。在那场无神论论战当中，他是站在费希特一边的。后来，费希特因为这场论战被迫离开了耶拿大学，而尼特哈默尔却被任命为某神学院教授。尼特哈默尔在哲学上没有什么成就，也并不出众，但他是一位可靠的人。黑格尔经常去他家里。在尼特哈默尔离开耶拿后，他俩一直保持着频繁的联系。在黑格尔的书信当中，有三分之一是写给尼特哈默尔的。黑格尔把尼特哈默尔的妻子称为"尊夫人"。他曾在写到自己的妻子时说，他之所以爱自己的妻子，是因为和"尊夫人"长得很像。尼特哈默尔还是黑格尔次子的教父。他和尼特哈默尔可以说是真正的朋友。黑格尔贫困潦倒的时候，尼特哈默尔曾多次向他伸出援助之手。

正是尼特哈默尔的执着、外交才能和不懈的帮助，才使得《精神现象学》一书能够早日出版。经过同出版商的周旋，最终达成以下协议：如果黑格尔到当年 10 月 18 日还不能全部完稿，尼特哈默尔就得用 252 古尔盾把原稿已排版部分购买下来。同时，出版商暂时给作者 144 古尔盾的稿费，也就是所有稿费的一半。拿到这笔稿费之言，他把消息告诉了黑格尔，并恳求他不要违反协议。当时，稿件从耶拿寄出之后，到班堡路上需要五天的时间。所以，尼特哈默尔提醒黑格尔，让他最晚在 10 月 13 日之前将最后一部分稿件寄出。他说："寄出最后一批稿件之后，您无论如何要向邮局索取详细的收据，以防 G 先生找麻烦……如果到那时还没有把稿件全部写完，那么除了您亲自到这儿一面看校样，一面继续修改原稿外，就没有别的办法可想了……您还是来吧，这里起码要比您那里安静得多……"①

当时，普法战争一触即发。见多识广的尼特哈默尔冷静地估计了双方胜败的可能。班堡在拿破仑的占领区，魏玛公国和普鲁士结成了同盟，显然，战火无疑会在这个地区燃起。

黑格尔在 10 月 8 日和 10 月 10 日寄出了原作的大部分手稿，11 日就爆发了战争。还有最后的几页手稿还没有寄出，但是邮局已经停止营业了。10 月 13 日上午，法国军队的先头部队占领了耶拿。正像黑格尔曾经所说，忧患时刻来了。战争就是战争，避免不了烧杀奸淫。一些蓬头垢面的士兵冲进了黑格尔的居所。身为哲学家的黑格尔坦然自若、临危不乱。他看到有个法国士兵胸前佩戴着荣誉勋章，就和他说，希望获过勋章的勇士能尊重一位普通的学者。他拿出好酒好菜款待他们，他的口舌也没有白费。可是，来了其他士兵之后，他还得这么款待人家，于是他跟着房东一起出走了。他把剩下的《精神现象学》手稿装进口袋，在一只篮子里装了些物品，就离开了住所。

刚开始，黑格尔在副校长加布勒家里藏身，后来又去了位于

---

① 《黑格尔书信集》第 1 卷，汉堡·梅纳出版社 1952 年版，第 117 页。

市场旁边的王室代表黑尔费尔德家。在营地和炉灶的火光里，他把剩余的手稿整理了出来，并写完了最后的几页内容。功成名就之后，每每想起这部大战前夕完成的著作，他备感自豪。

在写给尼特哈默尔的一封信里，他描述了当天的情景，以及受到的惊吓和遭受的损失。但是，他认为这些都不算什么。尽管他遭受了这些挫折，但他仍然希望法军取得最后的胜利。他和歌德一样，都认为拿破仑是法国革命的继承者，是位改革家，能摧毁旧的秩序，为德国开辟新的道路。他欣喜地写道："……我看到拿破仑皇帝，这个世界精神，在巡视全城。这位伟大人物……骑着马，驰骋世界，主宰世界，……见他一面实在让人心满意足。"① 当时，他对寄往班堡的手稿心急如焚，不知是否已经到达目的地。他打算第二天把最后的部分寄出去。

然而，邮局到 10 月 20 日才能恢复营业。显然，这会意味着协议未能履行。但是，出版商也应该明白，这是不可抗拒因素造成的。当时，黑格尔已经一贫如洗。等他回到住所，屋里已经被洗劫一空，连一件衣服、一张纸片都找不到了。

书商弗罗曼收留了他。歌德也让克内贝尔给他带去了 10 塔拉。最后终于从班堡传来了消息，他可以拿到剩下的稿费了。格布哈特收到了他寄出的手稿，他只能按约定行事。

11 月中旬，黑格尔去了班堡，在那里处理《精神现象学》的出版事宜。他一直待到 12 月下旬。1807 年 1 月，他寄出了该书的序言。接下来就等着这部作品与读者见面了。

这部著作于 1807 年 3 月正式出版。

大家经常拿《精神现象学》一书和歌德的《浮士德》相比。

---

① 《黑格尔书信集》第 1 卷，汉堡：梅纳出版社 1952 年版，120 页。

前者用哲学语言，后者用艺术语言，前者用抽象的概念化的叙述，后者用形象化的语言描写，两者虽然有很明显的差异，但是，和浮士德追寻生活意义的漫游相比，世界精神（也就是现象学的主角）的流浪经历，显然和它有着某种程度的相似。

《精神现象学》的副标题是"意识经验的科学"。它被看作一个体系的第一部分，看作描述普遍原则，认识真理的入门方法。马克思将其称为"黑格尔哲学的真正诞生地和秘密"。

黑格尔引用了莱辛《拿单》中的一个比喻，恰当地描述道，真理不是钱币，现成地摆在面前，可以让人装进衣兜。真理是在认识漫长的发展过程中被掌握的，在这个过程中，每一步都是前一步的继续。

哲学体系之间的差异，是真理发展过程的体现。花朵一旦绽放，蓓蕾就会消失，被否定；花朵凋谢之后，又会结出果实，果实又表明花朵是植物的虚假存在。各个阶段相互否定，作为存在方式，它们各不相同，互不兼容，相互制约。但是，这些形式又相互统一，每一个形式在这个统一体中都不可或缺，他们合起来才能构成整体。正如黑格尔本人所说，"……现实的整体也不仅是结果，而是结果连同它的产生过程；目的本身就是僵死的共相"①。认识也可以这样表达：真理既是已经实现的结果，也是通往该结果的路径。

那么在黑格尔看来，认识是如何发展的呢？毋庸置疑，知识为个人所有。然而，人生来就是具有社会属性的。这是黑格尔从赫尔德那里继承来的一个思想。赫尔德另外一个重要思想是，人

① 格罗克纳本：《黑格尔全集》第2卷，斯图加特：弗罗曼出版社1951年版，第13页。

是历史的产物。他的第三个思想是，个体的发展重现人类的历史。黑格尔把这些思想看作他认识问题的基础。黑格尔的认识体现了个体的发展、社会的进化和意识形态的更迭。《精神现象学》的读者需要经历三个阶段，才能登上精神之巅。如果用黑格尔晚年著作中的术语，这种思维活动的三个阶段分别可以称为"主观精神"、"客观精神"和"绝对精神"。然而《精神现象学》的各个章节并没有以此编排。这给我们的理解带来了一定的困难。但是，如果了解一下成书过程，就不难理解了。因为后面内容还没有写完之前，前面的内容就已经拿到印刷厂去印刷了。可是，每一个构想是需要数次改动才定型的。

该书的前五章内容是精神的"胚胎学"，分析了个体意识。其中包括一个三段式结构：意识、自我意识和理性。意识和我们的身外之物相对应，其初步内容是感觉的感知可靠性。表面上看感觉认识非常丰富，其实内容却极为贫乏。感官可以让人们确定某物存在的时间和地点。"这个"、"这里"和"现在"的概念，具有普遍存在的规定特性。然而，作为具有特性的存在之物靠感官是感觉不出来的。即它只能存在于我们的知觉之中。事物虽然多种多样，但从其规定性的角度来讲，又是统一的。比如，不管是哪一种盐，都是白色、有咸味的晶体状物质。既然知觉已经包含着某种普遍性，那它就摆脱不了这样的矛盾：事物既是单一的个体，同时又具有普遍性的特征。如果人类的意识扬弃了这一矛盾，便成了思维。思维的第一个体现因素就是知性。这样便出现了经验自然科学的范畴，它属于规律领域，是一个特殊的超越感官的世界。换言之，是一个高于我们直接感性感觉和感性直觉的世界。

知性一旦成了人类意识的客体，意识随之转化为自我意识。

在这一问题上，黑格尔的思维编织物，编进来了越来越多的社会因素。虽然它一直都在讲个体意识，但却以"劳动"这个最重要的社会关系作为参照来看待这种意识的。

英国爆发的工业革命，极大地影响了黑格尔世界观的形成。英国工业革命的理论体现就是英国古典经济学。还在耶拿的时候，黑格尔就已经研究了亚当·斯密理论思想。对于这位经济学家的观点，黑格尔在许多方面都是积极赞同的。在《精神现象学》中，黑格尔试图得出这样的结论：意识及整个人类社会的发展都是劳动的结果。马克思这样评价他："黑格尔《精神现象学》的伟大之处……因此首先在于黑格尔把人的自我创造看作一种过程……在于他认识到了劳动的本质，把对象化的人（因为是现实的，所以是真实的人）看作自己的劳动结果。"[1]

与此同时，马克思也指出了黑格尔认识上的局限性。他说："黑格尔站在近代国民经济学家的立场上……他只看到了劳动的积极面，而没有看到它消极的一面。"[2] 马克思的这一评价，我们不能过于简单地去理解。但并不是认为黑格尔一点也不了解劳动在资本主义社会中的消极后果。1805～1806 年，黑格尔在耶拿大学做哲学讲座时，就已经看出，由于经济的发展，"许多人不得不待在工厂、工场、矿山等地，从事十分呆板、有损健康、不安全而又不能发挥才能的劳动；那些维持大批人生活的工业部门，在别的国家由于创造发明而提供价廉物美的新产品的情况下，一下子就破产倒闭了，所以这一整批人便陷入贫困而难以自拔

---

[1] 《马克思恩格斯全集》补编第 2 部分，柏林：迪茨出版社 1967 年版，第 574 页。
[2] 《马克思恩格斯全集》补编第 2 部分，柏林：迪茨出版社 1967 年版，第 574 页。

了"①。

由此可以看出，马克思提及黑格尔没有看到劳动的消极面时，实际上另有所指。他的意思是说，黑格尔没有能够找出一种办法来辩证地否定资本主义。他没有能够把看作事物本身的扬弃的"否定"，应用到当代经济和政治关系当中去，结果是向他周围的社会现实妥协了。因此，从这个意义上来讲，黑格尔的哲学没有脱离资产阶级社会的理论。

然而，黑格尔提出了劳动创造了人的观点。这一伟大的思想不能因为上述原因而被否定。在问及"劳动是怎样创造人"这一问题时，《精神现象学》中有关主人和奴隶的那一章节内容给我们提供了有趣的答案。他仿效霍布斯，把一切人向一切人宣战的人类原始状态作为出发点。这一状态如果不考虑个体的活动成果，那它就根本谈不上发展。为了发展，人与人之间必须要建立一种积极的关系——统治和服从的关系。那些在永不停歇的斗争中勇往直前、视死如归，同时又保持自己尊严的人便成了主人；那些甘愿伺候别人、不辞劳苦养活主人的人，就成了奴隶。

接下来的情况如何呢？主人向奴隶发号施令，奴隶对主人低三下四；主人享受奴隶，奴隶则为主人提供服务供其享受。奴隶创造出供主人享受的东西的同时，也创造了自己。劳动本身就是一种教育过程。逐渐地，奴隶的意识超越以前的阶段，开始有了自我意识，发现自己不但是为了主人活着，而且也是为自己活着。对于那些主人，只能依靠奴隶创造出来的一切来过日子，而这些奴隶，不但能够支配自己创造出来的东西，而且也能支配他

①　约翰内斯·霍夫迈斯特：《黑格尔全集》，莱比锡：梅纳出版社1931年版，第232页。

们的主人。到了最后，他们之间的关系便颠倒了过来。

　　这些思想，像哲学寓言一样阐明了任何现象、任何行为在发展过程中由于自身条件的原因而变成自己的对立面的。在此，需要以人的社会性作为前提。即社会是一个统一整体，这个整体的每一部分与其他部分密不可分。例如，哪里有一个奴隶，哪里就会有一个自由的人。和奴隶对立的主人，如果在奴隶身上看不到自身的价值，他也永远是奴隶。当然，没有勇气为自由而献身的人，就应该做奴隶才对。黑格尔说："倘若……一个人不仅是想象着得到自由，同时真正有争取自由的坚强意志，那么，任何暴力都不能迫使他长期陷于奴隶的境地。"[①] 由于相互依赖和劳动，便产生了自我意识。

　　自由是自我意识的目的。那么，如何才能获得自由呢？首先，是内心解放，或者说是对统治与奴役的否定，即斯多葛派哲学。无论身处何境，不管是坐在宝座上，还是带着镣铐，斯多葛派都认为自己是自由的。作为世界精神的普遍形式，斯多葛派出现在"普遍存在着恐惧和奴役的时代，而且还是一个人人具有修养、修养上升为思想的时代"[②]。然而，斯多葛派存在着一个内在矛盾：从周围的现实与生活回归到自身之后，它并没有将对存在的否定坚持到底。它处心积虑地思考真与善的问题，可给出的答案却没有新意——真和善在于它们的合理性。

　　怀疑主义在逻辑上实现了对存在的否定，因此扬弃了这一问题。于是产生了一种"和自身等同的自我意识，一种特殊的对自

　　① 格罗克纳本：《黑格尔全集》第 10 卷，斯图亚特：弗罗曼出版社 1958 年版，第 288 页。

　　② 格罗克纳本：《黑格尔全集》第 2 卷，斯图亚特：弗罗曼出版社 1951 年版，第 160～161 页。

身进行思维的意识，真正确信对自己本身的不变状态，但同时也产生了绝对的辩证的躁动，因为怀疑主义的这种意识是感觉表象和思维表象的混合体，两种表象的差异已经消失殆尽"[1]。这种意识不但误了自己，同时也误了别人。上面提到的两种因素共同存在于怀疑主义之中。结果，矛盾不但没有消除，反而更突出了。怀疑主义者号称人的视觉和听觉不足为信，可是，他们自己依旧在看，依旧在听。他们的言与行一直处在矛盾当中。

后来怀疑主义被自我意识的最高形式，也就是愁苦的意识所代替，这种意识本来就是分裂的。在这里黑格尔指的是基督教。基督教徒们把自己存在和行为的意识看作是对这种存在和行为所感到的痛苦，从中不难看出这种意识的分裂性。愁苦的意识，面对裂成两半的现实：一方面，它本身是虚幻的；另一方面，它又是一个神圣化的世界。而这种分裂现象又被痛苦地感受为永久的渴求运动。基督教徒们的思维就像是钟声无形的闷响，是一种还未成形的音乐式思维方式。即便如此，出于个人的无知而产生的愁苦意识，刚好是把自我意识在这一阶段达到的普遍永恒的思想作为前提的。这样一来，精神就从自我意识过渡到了理性。

在黑格尔的精神之眼中，理性分为三个阶段：观察的理性、通过自身而实现的合乎理性的自我意识，以及本质上实在的个体性。在此，根据其发展加以研究的合乎理性的个体性，黑格尔称为对立统一，又称为复式结构的画廊，其中的一间是另外一间的映像。一间受到外部环境的限制，另一间能意识到该环境的存在。换言之，前者是一个球面，而后者是一个球心。黑格尔评论

---

[1] 格罗克纳本：《黑格尔全集》第2卷，斯图亚特：弗罗曼出版社1951年版，第164～165页。

到："然而，这种个体性一方面由于本身也是普遍的，因而直接地同既成的普遍事物如风俗习惯等融合在一起，并顺应它们，另一方面它又反对它们，甚至颠倒、改造它们……"[①] 如果个人的德行为了世界普遍的进程而要求个体性做出牺牲，那就显得徒劳无益了，原因是个体性被看作是对世界精神的实现方式。倘若每个人都是自私的，他的上述言论也就意味着他们并不理解共同行动的意义所在。

不过，伦理却不一样。它并非由个体的意识产生，而是作为一种外界规定的法则，并未被个体意识所接纳。伦理操守在于坚定不移地坚持一切正当的行为，这种行为同时也是确定无疑的。例如，让我来保管某件东西，我得承认这是别人的财产，因为事实就是这样。倘若我认为这也许是我的财产，那么我的行为就是非伦理的。倘若我承认正当的行为，那么我就处在普遍的伦理本体之中。这样，个体意识就发展到了极限。世界精神就步入了一个新的境界，也就是精神阶段。

这时，我们就可以看到真实历史的面貌了。黑格尔选择的，是他自己认为人类历史中最为本质的东西。根据他的观点，伦理或者社会生活受两条法则支配：一条是世俗的人类的法则，另一条是不属于人类的神的、冥界的法则。与这两条法则相适应的是两个社会领域：国家和家庭。

首先，国家必须得规定个人的权利和财产权，而且不能让个人利益凌驾于公共利益之上。人们经常会忘记自己只是整体中的一小部分，梦寐以求的首先是实现个人的目的——发财致富和享

————————

① 格罗克纳本：《黑格尔全集》第2卷，斯图亚特：弗罗曼出版社1951年版，第237~238页。

受荣华。为了避免国民精神颓废，国家必须时不时通过战争的手段来震撼他们。对于脱离整体、只为自己谋福利、认为个人不可侵犯的人，得让他们明白，最后不会有好下场。

在统治者看来，丧生于战场上的敌人，应该永世不得翻身。然而，骨肉之情让死者的亲人为他们举行葬礼。这样，在人和神的法则之间，也就是国家与家庭之间产生了冲突。这就是索福克勒斯的悲剧《安提戈涅》所表现出来的冲突。在《安提戈涅》中，主人公安提戈涅不顾国王的禁令，安葬了她的弟弟。黑格尔通过对这部悲剧的分析，指出了宗法制伦理与国家体制的冲突。从历史的角度来看，双方各自的行动都是正当的，但同时都又存在着历史的局限性。双方看似有理，同时又显得无理。这种矛盾，这种古代伦理世界内部之间的斗争，让这个完整的世界走向没落。

黑格尔并没有把中世纪看作是一个历史的阶段，他把注意力直接转向资本主义的发生。换言之，他把注意力转向了和这个过程相适应的精神形态当中。

在了解这些精神形态之前，必须对黑格尔哲学中的"异化"这一重要概念加以解释。黑格尔眼中的"异化"一词，并不仅限于某种意思。从广义上讲，异化指精神的异在形式、一种疏隔状态和客体化表现。对异化的扬弃就是对疏隔状态的消解，即认识。他在前言中就是如此讨论异化问题的。可是，在前面已经分析过的"自我异化的精神"一节里，"异化"一词却是从狭义上来表示社会关系的。他说："然而，这个世界之所以存在，正如自我意识之所以成为现实一样，乃是基于这样一个过程，即自我意识抛弃了自己的个性，从而创造了它的世界，并把这个世界当作一个异己的世界来看待，以致它现在必须加以占有。"① 在此，黑格尔写的是一个特定社会中的情况，即资产阶级社会。在这个社会中，每一个个体对于另外的个体都是异己的。

在黑格尔看来，异化世界的起源是资产阶级革命之前实施专制主义的法国。在这样的世界里，存在着两种意识类型：一种是富人和贵族的意识类型，它赞扬财富和统治，认为这二者与他们等同，所以义无反顾地为其服务，这是被称为高贵的意识；另一种是受压迫者的意识类型，它认为统治和财富不会与自己等同，所以憎恨统治者，服从的同时心怀怨恨，随时都准备着造反，这是被称为卑贱的意识。可是，这两种对立意识不久就同流合污、狼狈为奸了。曾经默默无闻地服务于国家的英雄主义突然间变成了献媚讨好的英雄主义。对国王的献媚讨好让他成了孤家寡人，他和自己的贵族疏远了起来，他们只是像摆设一样围绕着他的宝座。唯我独尊感让高贵的意识变了质，它和卑贱的意识没有什么两样了。传统的纽带一旦断裂，就产生了分裂的意识。

于是，绝对圆滑、自欺欺人的时代降临了。黑格尔用《拉摩的侄儿》一书来阐述这种状况。狄德罗的这部对话体小说，在他生前并没有发表，后来到了歌德手里，被他翻译成了德语，于1805年出版。该部作品中的对话者，是一个无赖、骗子和诱奸者。他向狄德罗生动地讲述了自己诱奸一个少女的过程。狄德罗为"如此巧妙而又卑劣的行为，如此正确而又错误的思想，如此颠三倒四的感觉，如此下流无耻而又罕见的坦白直率，感到大惊失色"②。在黑格尔看来，这种有自知之明、意识紊乱的人的辩证

---

① 格罗克纳本：《黑格尔全集》第2卷，斯图亚特：弗罗曼出版社1951年版，第376～377页。

② 《歌德全集》纪念版第34卷，斯图加特-柏林版，第70页。

言论，远远胜过关于善恶的肤浅意识所作出的自我评价。他强调，这种混乱的意识是在异化的条件下产生出来的，它是不可避免的。这种意识的分裂性越强越好，暴露得越深刻越好。这样，它向前发展越快，消逝也就越快。他认为，"退遁到天然心灵的质朴状态……退遁到也可以称之为天真无邪的那种动物意识的蛮荒境界，都不是解决这个颠倒世界的办法；相反，有教养的精神必须作为精神返回自身，并获得一种更高级的意识"①。黑格尔撰写《精神现象学》时期有一句格言："一只打着补丁的袜子要比一只破袜子强，而自我意识则不然。"

这种分裂的意识后来又被宗教信仰及作为其对立面的启蒙思想所替代。黑格尔对启蒙思想完全持批判态度，认为其特征是简单的功利主义和无神论。原来，启蒙运动的真相就是绝对自由和恐怖，以及势不可当的革命。革命让"异化"达到了巅峰。恐怖比奴役更为糟糕，因为它不但是非生产性的，而且完全是消极的，是毁灭一切的祸端。黑格尔并没有看到，革命能够带来直接的积极的成果。所以，他认为"普遍自由所造成的唯一结局就是死亡……而且是无味、最无聊的死亡，它并不比切一棵圆白菜或咽一口水更有意义"②。这可真是嫌疑等同于有罪，而且振振有词。这样发展下去将会一事无成，必须得过渡到一个新的阶段才行。自我异化发展到了其对立面的顶点，并发现了自身。异化被扬弃，专制被法制代替了，于是道德精神就产生了。

黑格尔认为，当时德国和它的精神文化以及艺术与哲学都是

① 格罗克纳本：《黑格尔全集》第 2 卷，斯图亚特：弗罗曼出版社 1951 年版，第 402～404 页。

② 格罗克纳本：《黑格尔全集》第 2 卷，斯图亚特：弗罗曼出版社 1951 年版，第 454 页。

道德的统治。他说，"不难看出，我们的时代是一个新时期的诞生和过渡的时代。精神已经跟它赖以生存的世界决裂了，即将任旧日的一切销声匿迹，并着手它的自我改造"①。显然，他的现象学充满了历史乐观主义。众所周知，黑格尔把他乌托邦式的希望完全寄托在了拿破仑的统治上。

黑格尔把拿破仑称之为国法大师，欢迎把"民事法典（即拿破仑法典）"介绍到莱茵联盟的各个国家。他认为，拿破仑的政策将会实现德国的民族复兴。他说："法国民族通过革命的洗礼，摆脱了许多套在法国民族头上以及别的民族头上的典章制度的僵硬枷锁。同时，个体也消除了对死亡的恐惧，改变了原来的生活习惯……如此一来，法国民族就在别的民族面前显示出巨大的力量，这种力量压在那些闭塞愚昧的民族头上，迫使它们终于放弃违反现实的习性，跨进了现实，并且由于表中有里，内寓于外，这些民族也许还会超过它们的老师呢。"②

世界精神继续前行。在现实历史中竭尽全力之后，它登上了最高阶段——社会意识。其中包括宗教、艺术和哲学体系。后来，黑格尔对这里的每一种精神形态都进行了细致的研究。在接下来的章节中将讲述他的研究情况。在此只想提一下他的最终结果。精神在其漫游的终点，达到了绝对真理。这个绝对真理就在黑格尔的哲学体系之中。起初，客体对于认识的主体来说只是某种外在之物，最后主体和客体便合二为一。

到了晚年，黑格尔把现象学（《精神现象学》）称之为"探险旅行"。《精神现象学》是他的第一部独具匠心的巨著。在他的这

---

① 格罗克纳本：《黑格尔全集》第2卷，斯图亚特：弗罗曼出版社1951年版，第18页。

② 《黑格尔书信集》第1卷，汉堡：梅纳出版社1952年版，第138页。

部著作里，体系和方法之间的矛盾还没有发展到晚期著作中那样的尖锐。其原因是当时他的体系建构尚未完成。它还是以**结构框架**的形式出现的。这些结构框架比后来的结构价值更高。现象学（《精神现象学》）的重要性在于，他说明了辩证法是以何种材料创造出来，是从何而来的。黑格尔研究的出发点是想力图思考精神文化的矛盾发展。然而，他一直都没有发现意识的感性物质基础。马克思对他做出了这样的评论："黑格尔把世界头足倒置起来，因此，他也就能够在头脑中消灭一切界限……对于现实的人来说，这当然丝毫不妨碍这些界限仍然继续存在。"① 在黑格尔看来，作为军事天才的拿破仑，还有他自己的哲学，都是万能之物，因此认为一切界限都消失了。可是，不久之后，他不得不承认，这些界限仍旧是存在的。

① 《马克思恩格斯全集》中文版第 2 卷，第 245 页。

办报的坎坷经历

在一个早春三月的上午，黑格尔挥别耶拿。他乘坐一辆邮车去了班堡，在那里的一家日报做了编辑。

这位两年前获得教授头衔的哲学家，为何放弃了自己喜欢的教学事业、离开耶拿这座大学城呢？可能主要是出于物质上的原因。父亲留给他的遗产已经挥霍殆尽，个人财物也被法国人掠夺走了。歌德帮他获得的一百塔拉的年薪远不能维持生计。就在这时，《班堡报》的老板愿意聘请他，并答应他以报纸盈利额的一半作为给他的报酬。

新闻记者这份工作和支配舆论权利的诱惑，让黑格尔心驰神往。他觉得接受尼特哈默尔的建议，弃教从政是自己的天职。旧的制度已被摧毁，新的时代已经来临，他认为作为哲学家就得投身实践当中。再说了，战争结束之后，耶拿大学有没有复课的可能，还是个未知数。

当然，还有一个让他匆忙离开耶拿的原因，那就是他当上了父亲。儿子名叫路德维希，孩子的母亲叫克里斯蒂安娜·布克哈特，是位房主的老婆。黑格尔曾是他们家的房客。在这样一个小城里，一旦出点什么事，都会闹得沸沸扬扬，成为人们的谈资。黑格尔并没有否认自己的行为，但很明显，发生了这样的事情，在耶拿继续当教授是不可能的了。黑格尔答应孩子的母亲，如果她成了寡妇，他一定娶她。对方顺从了他的诺言，让他清清白白地离开了。路德维希是这个女人的第三个私生子。

根据黑格尔的了解，《班堡报》是一位法国侨民格莱神父兼教授创办的，已经发行了十来年。创办后不久，格莱把这家报纸转卖给了现在的老板施奈德班格，自己仍然担任编辑。法国人进驻班堡之后，他便投笔从戎，投奔了达福斯特的部队，去了波兰。施奈德班格以前在宫廷供职，对办报一窍不通，所以把这份报纸办得一塌糊涂，经营状况越来越差。

黑格尔知道如何去扭转这种趋势。早在耶拿的时候，他就给尼特哈默尔写信谈及此事。他说："……至于报纸具备何种语调特征，临时才可见分晓。大家或许认为，法国报纸使我国多数报纸相形见绌，然而有趣的是，既想办一种法国式的报纸，又不肯抛弃德国人追求的那种卖弄学问特点和超然物外的文风……"[①]

拿破仑非常重视报纸的作用，把它归在自己的管制之下。他曾对约瑟夫·富歇说："报纸事关大局！"等他掌权之后，当上了警务总监的富歇把巴黎的七十三家报纸查封了六十家。后来，又关掉了九个编辑部。剩下的四家顺从地做了政府的喉舌。

在巴伐利亚，报业的情况并无二致。选帝侯马克西米利安·约瑟夫早在1799年时就下诏称："报纸理应当对事实或情由做出确切、公正的报道，举凡影射、诽谤、人身攻击之类的报道，无论以曲笔或直言，均在禁止之列……记者一概不得传播危害国家

---

① 《黑格尔书信集》第1卷，汉堡：梅纳出版社1952年版，第145页。

的消息，违者严惩不贷。"①

在法国部队占领巴伐利亚之后，当地政府的新闻检查变本加厉。《埃尔兰根报》因得罪了法国人而被查封，编辑也被逮捕。就在这一背景下，黑格尔开始了自己的记者生涯。他根据自己对国家政治的理解，冷静细致地思考了当前的这种状况。他得出结论，国家是掌握实权的政治力量，其地位绝对不能动摇，必须加以巩固。黑格尔写道："……每个人都必须与国家发生关系，必须为国家服务。以为在私生活中可以找到的乐趣都是靠不住的，而且未必称心如意——今后我大概过不成私生活，因为没有人比新闻记者更公开的了……"② 虽然巴伐利亚并非完美之境，高高在上的都是愚妄之极，但是，理性迟早会在这里开辟出一条道路。说到底，个别人的抱负并不重要，而且结果也经常和他们的意志相反。只有新闻报道，而且是经过审核、准确客观的新闻报道，才能够体现报纸的内容。

为了保证稿源，黑格尔分别给自己的故交好友们写信求援。在给耶拿的克内贝尔的信中，他告诉对方自己如何当上了新闻记者，他还写道："想必您也知道，我一向喜好政治……此外，新闻记者本身是个稀罕的对象，而且几乎嫉妒的对象，因为人人都想知道他秘而不宣的底细，都想知道大家认为最好的东西……我深知，和醉心钻研卢克莱修的哲理深远的六步句相比，撰写一篇报纸文章实简直味同嚼蜡。然而，既然伊壁鸠鲁哲学并未置胃的消化于不顾，而为了帮助胃的消化，又必须得阅读报纸，因此敢烦日内拨冗片刻，惠然赐稿，以充篇幅，裨本报业务能从被动转

---

① 威廉·R. 贝耶尔：《现象学与逻辑之间》，美因法兰克福 1955 年版，第 51～52 页。

② 《黑格尔书信集》第 1 卷，汉堡：梅纳出版社 1952 年版，第 167 页。

为主动，亦未始非一奖掖之举也……鄙人凭经验确信圣经中这句箴言的真理，并将它作为我的座右铭：'食饱衣暖，天国乃见。'……至于稿酬，当无须赘言。"①

结果，这一邀请被克内贝尔谢绝了。不过，在拿破仑与亚历山大在埃尔福特会晤之际，克内贝尔寄出了两份报道当前政治新闻的稿件。克内贝尔根据自己的所见所闻，描述了拿破仑和其他的王侯们在魏玛的盛况。为了表达对上宾的礼遇，拿破仑还举行了一次狩猎活动。法俄两国的皇帝在扈从的陪护下，乘坐四马敞篷车。而魏玛公爵则一马当先。夜晚，贵客嘉宾莅临剧场，观看了巴黎皇家剧院上演的伏尔泰剧作《恺撒之死》。最后，喜庆的一天在宫廷舞会中宣告结束。第二天，君主们亲临耶拿战场，在魏玛政府建造的一座小教堂共进早餐。这座小教堂曾是拿破仑做过指挥部的地方。

克内贝尔信中写道："附上数行，不足以称稿，唯或为阁下所乐闻，用特奉告。伟大的拿破仑之所以深得人心（尤其是明哲的人士之心），绝非因其权势炙手可热，反之因其天性平易可亲，不以皇帝身份而以普通人自居。他的面部隐约浮现某种忧郁表情，据亚里士多德云，此系一切伟大人格之基础。此外还可以从中发现高尚的精神之特征，以及心灵之纯善，那是他毕生经历的重大事件与斗争所未能磨灭的。总之，人们对于这位伟人不胜景仰之至。他同魏玛的歌德做过几次长谈，或许还可以为德国君主们提供榜样，即他们不应怯于结识与尊崇最优秀的人物。"②

黑格尔并没有为众人对拿破仑如此顶礼膜拜而感到诧异与震

---

① 《黑格尔书信集》第1卷，汉堡：梅纳出版社1952年版，第186~187页。
② 《黑格尔书信集》第1卷，汉堡：梅纳出版社1952年版，第246页。

惊。而且，他自己也对拿破仑佩服得五体投地。他兴致勃勃地阅读了克内贝尔的来信，请求他继续提供详细信息。他给对方写道："您参加了阿波达的狩猎活动了吗？您也是在高原游憩亭吃的早餐吗？拿破仑同维兰和歌德在舞会上都谈了些什么？您不是还见到塔尔马了吗——我向您打听这些，并非是为了报纸，而是为了增长见识……"①

此时，黑格尔已经完全对报纸失去了兴趣，只想尽快离开。1808 年夏天发生了让人十分尴尬的一件事。7 月份的一期《班堡报》刊登了巴伐利亚部队进驻布拉特林、奥格斯堡以及纽伦堡的情况。这件事其他报纸都已经报道过，众人皆知。尽管如此，慕尼黑官方还是责令找出向编辑部透露该军事情报的军官，而且不接受任何辩解。黑格尔被迫出席公开法庭，草拟申诉书，还得宽慰施奈德班格。这件事让他忍无可忍，在给尼特哈默尔的信中，他说自己真想逃脱这份差事。尼特哈默尔说他打算推荐他去纽伦堡一所文科中学去当校长，黑格尔立马表示同意。

然而，转入教育部门并不是那么容易。而且又出了一件事，给报社惹来了更大的麻烦。11 月初，不知什么原因，黑格尔被招到了王室总监冯·斯坦格尔那里。原来，从慕尼黑传来一份十万火急的公文，对《班堡报》在 10 月 26 日发表的埃尔福特的通讯大为不满，书报检察官也由此受到谴责，从此该报刊的检查直接收归冯·斯坦格尔掌管。

黑格尔为这篇通讯稿大伤脑筋。他不明白，到底是哪一点让官方如此不满？这篇通讯的开头报道了歌德和维兰俩人谒见拿破仑的情况，文中写道："……皇帝陛下在接见中同他们畅谈了各

---

① 《黑格尔书信集》第 1 卷，汉堡：梅纳出版社 1952 年版，第 248～249 页。

种科学问题，他们亦有幸得以景仰陛下对于各门学科的渊博知识。"这几句话看不出有什么不妥。歌德和维兰二人"荣获十字勋章"看上去也没有什么不对的地方。或许，触犯当局的原因是报道了埃尔福特或许会成为一个自由城市，邮政改革有望贯彻执行之类的问题。如果这篇报道真有问题，那么问题只能出在这一点上了。

于是，黑格尔立即写了一份申辩书，力求做到面面俱到。他在申辩书中称，印发出来的所有内容，都是从其他报纸上转载而来的。他写道："为遵照本月 7 日发布之敕令，呈阅 10 月 26 日第 300 期《班堡报》埃尔福特通讯一稿所依据之官方来源，以明真相而辨心迹由，《班堡报》编辑部签署人惶恐奉告：本稿一部分系自埃尔福特出版之《德意志国讯总汇》……一部分系自哥达出版社之《国民报》……逐字转载……鉴于埃尔福特报刊行于法国皇帝陛下政府治下之一邦，哥达报刊行于莱茵联邦之一邦，二报均经政府审检而后出版，本编辑部签署人是以坦然。自该二报转载该稿……唯编辑部旋即惊悉，该稿包含谣诼，滋生误解，本部当即大力予以消弭，用特……于 10 月 27 日第 301 期《班堡报》副页中发表声明如下：时间即将证明，此二消息是否较之德国种种流言（如本地报纸昨日引自德国某一公报者）更为有据。此类流言均谓埃尔福特仍系一自由城市，目前邮政制度即将有所改革云云，当列入纯属子虚，毫无根据之谣言。"[①] 黑格尔认为，报纸无可非议。他还保证，以后会严格遵守编辑部的一切规章制度，以防再次发生此类事件。

黑格尔并不清楚报纸陷入困境的真正原因。虽然他在尽力寻

---

① 《黑格尔书信集》第 1 卷，汉堡：梅纳出版社 1952 年版，第 256～257 页。

找缘由，但真相却极为简单。一位手握大权者在埃尔福特通讯稿中用红色铅笔标出了下面一段有伤大雅的话："巨商霍夫曼先生已蒙巴伐利亚国王赏赐一只用珍珠镶嵌饰的金盒，乃眷及其千金复各承赐一枚及其精美的项圈。符腾堡国王陛下则赠予王室顾问赖因哈德夫人一枚珍贵的珠宝，外加一笔可观的款项……"① 由此看来，报纸不得随意报道国王的赠品，尤其不得报道给予女士们的赠品。可是，这一点在书报检查条例当中永远是找不到的。

施坦格尔将黑格尔的申辩书转呈给慕尼黑。与此同时，总监衙门向政府提出了如下的质询：哪些出自官方的消息可以认为实属官方，予以转载，对于非官方消息，又得如何处理。"……是否一切通讯稿件（即私人书信）均不得采用，甚至举凡涉及异常自然现象，艺术科学界之重大发现，著名军人、艺术家与学者等之驻留、创作、叙勋与报酬，以及一般有助于报纸提高公民德行与教养之旨趣的事实的稿件，是否亦在禁刊之列。"②

黑格尔参与了这份引起班堡当局关注的报纸的编辑工作。最后的结局如何，黑格尔心中没底。《埃尔兰根报》的命运仍在他的脑际回荡。几天之内，纽伦堡可能会做出最后决定。要知道，任何的惩处都会带来毁灭性的打击。

然而，一天天过去了，慕尼黑方面毫无消息。根据黑格尔的建议，施坦格尔发出了函询。多写一次也无妨，况且程序烦琐，还得登记、审议，拖好长时间。看来，已经没有必要这样日复一日地拖延下去了，所以黑格尔做好了离开的准备。12 月初，在施坦格尔再次往慕尼黑发出函询时，黑格尔已经向班堡道别了。

---

① 《黑格尔书信集》第 1 卷，汉堡：梅纳出版社 1952 年版，第 487 页。
② 《黑格尔书信集》第 1 卷，汉堡：梅纳出版社 1952 年版，第 487 页。

时至次年元月才得到答复。外交部表示，《班堡报》有权从经过审查并在王国各城市发行的报纸中转载稿件，当然这是有条件的，那就是不要妨害"政局"。几乎同时，警察部门查封了《班堡报》。

在班堡的二十一个月里，黑格尔没有写出一篇理论性著作。尽管如此，我们不能断言这段时间不利于他哲学思想的发展。在黑格尔的脑海里，充满了基于他的《精神现象学》的哲学体系结构。虽然报社的工作占据了整天的时间，但是他仍抽空做他钟爱的研究。在他的书信里，经常提及逻辑学方面的问题，在其他为数不多的材料里，也依稀能看到这方面的内容。在耶拿构建的思想，现在已经有了相应的形式。

在班堡时，黑格尔写过一则随笔，证明他是自己学说的积极普及者。随笔的题目是《谁抽象地思维？》。虽然根据文体及内容，可以推断出这是一篇黑格尔早期的作品，但黑格尔遗著的出版者认为它是黑格尔最后在柏林的时候写的。不过，不久前的考证得出结论，这则随笔写于1807年的春夏之际。

那么，到底是谁在抽象思维呢？人们对抽象思维敬而远之，就好像对待某种遥不可及的东西。他们持回避态度，并不是出于轻视，或觉得它枯燥无味，而是把它看作某种特殊的东西，无法在社交场合中借助它彰显自己。可是，现实生活中，抽象思维者往往并非是有教养的人。抽象思维，其实就是幼稚思维。黑格尔在文中写道：

> 我只需为我的命题举几个例子。人人都会承认，这几个例子证实了这个命题。

　　且说一个凶手被押往刑场。在常人看来，他不过是个凶手。太太们也许会说，他还是个强壮的、俏皮的、逗趣的男子呢。有个人却认为这种说法骇人听闻：什么？凶手俏皮？怎么能想入非非，说凶手俏皮呢？你们大概比凶手也好不了多少吧。这是上流社会道德败坏的表现！深通世道人心的牧师也许会这样补充一句。

　　研究人的专家则不然，他要考察一下这个人是怎样变成罪犯的，他会从他的生活经历和教养过程中，发现他的父母反目已久，发现他曾经为了轻微的过失而受到某种严厉的惩罚，于是他对公民社会愤愤不平，接着还发现他刚一有所反抗，便被社会所摒弃，以致如今只靠犯罪才能谋生——大概有不少人听了这番话会说：他想替凶手辩护呀！我不禁想起年轻时候听人说过，一位市长发牢骚，说作家们搞得未免过分，竟然想挖基督教和淳厚风俗的墙脚；有位作家甚至写小说为自杀行为作辩护；可怕呀，真可怕——经过进一步了解，原来他指的是《少年维特之烦恼》。

　　在凶手身上，除了他是凶手这个抽象概念之外，再也看不到任何别的东西，并且拿这个简单的品质抹杀了他身上所有其他的人的本质……这就叫作抽象思维。

　　喂，老太婆，你卖的是臭蛋呀！一个女顾客对女商贩说。这个女商贩可恼火了：什么，我的蛋是臭的？我看你才臭呢！你敢这样来说我的蛋？你？要是你爸爸没有在大路上给虱子吞掉，你妈妈没有跟法国人跑掉，你奶奶没有在医院里死掉——你就该为你花里胡哨的围脖儿买件称身的衬衫呀！谁不知道，这条围脖儿和你的帽子是打哪儿搞来的；要是没有军官，你们这些人现在才不会这样打扮呢；要是太太们多管些家务，你们这些人都该蹲班房了——还是补补你袜子上的窟窿去吧——总而言之，她把那个女顾客骂的一钱不值。她这就是在抽象思维，仅仅因为女顾客说了一句她的蛋是臭的，得罪了她，于是就把女顾客全身上下编派了一番——从围脖、帽子到衬衫等，从头到脚，还有爸爸和其他亲属，一切都沾上了那些臭蛋的气味；可是，女商贩谈到的那些军官们（如果他们当真和这件事有什么关系，尽管这是大可怀疑的），说不定在女顾客身上看到的是一些完全不同的东西。

谈到了女仆，再来谈谈男仆。在地位低、收入少的家庭，仆人的境遇比在任何地方都坏；相反地，主人愈高贵，仆人的境遇就愈好。在这方面，常人又要搞抽象思维了，他对仆人摆架子，把他只当作仆人看待；他牢牢记住这个唯一的名称。给法国人当仆人，日子最好过。贵人对仆人很随便，法国人甚至和仆人交朋友，主仆二人在一起的时候，仆人就高谈阔论。狄德罗的《雅克和他的主人》就是这样，主人除了嗅嗅鼻烟，看看表，别的什么也不管，全让仆人自便。这位贵人知道，仆人不仅仅是仆人，他还了解城里各种新闻，认识许多姑娘，脑子里点子很多。他向仆人打听这一切，仆人就尽自己所知，回答主人所打听的一切。在法国主人那儿，仆人不仅这样，甚至敢于主动提出话题，发表议论，坚持自己的意见。主人要他干点什么事情，不能采用命令口吻，而得首先提出自己的意见，委婉地劝他接受，如果他照办了，主人还得给他道乏①。

---

① 格罗克纳本：《黑格尔全集》第 20 卷，斯图加特 1958 年版，第 447～450 页。

　　黑格尔一点也不反对科学的抽象。然而他指出，往往那些非常世俗的日常意识才可能是抽象的，而且事实证明这些意识同时也是片面的。然而，科学的理论思维是不是具体的？如果是，又是何种方式？这个问题依旧没有解决。在黑格尔的学说体系中，对这个问题的解决占有举足轻重的地位。这也是下一章将要讲述的内容。

"大逻辑" 的真谛

纽伦堡迪林王宫广场，紧挨着一幢三层楼房的庇护神教堂。这里有 1526 年由梅兰吞建立的文科中学，它是德国第一所人文主义特色的中学。

随着岁月的流逝，这所中学已经破败不堪。19 世纪初，纽伦堡仅有的四所中学中，没有一个是为接受大学教育而办的。当时，纽伦堡是一个自由直辖市，不属于德国任何一个邦的管辖。1806 年 8 月，"德意志民族神圣罗马帝国"不复存在，它被巴伐利亚邦占领。巴伐利亚当时是法兰西的盟友，许多方面也沿袭了法兰西的制度。1803 年起，巴伐利亚开始实施六年制普及教育，所以需要大量小学老师。政府把纽伦堡的四所中学合并为一个统一的文科中学，黑格尔被任命为该中学的校长。

1808 年 12 月 5 日，这所文科中学举行了盛大的开学典礼。黑格尔在开学典礼上正式就职。在随后的一周里，举行了招生考试。作为该文科中学主体的三个高年级班共招收了 30 名学生，其中毕业班 8 人。12 月 12 日，该文科中学正式开课。

当时，尼特哈默尔主管巴伐利亚国民教育。按照他的计划，把学校分为两类，一类是具有人文主义方向的古典学校，另一类是培养学生实践活动能力的理科学校。对于掌管这所古典文科中学，黑格尔非常满意。就像他所言："……总算是摆脱了工艺学、经济学，还有抓蝴蝶这样的琐事了……"① 黑格尔坚信，对古代语言和文学的学习是人文教育的基础。古希腊是建立欧洲各国文化的基础。欧洲文化虽然各有特色，但总是和古希腊文化不可分割。就像传说中的安泰乌斯，一旦和大地接触，就会重新获得力量一样，艺术和科学的每一次繁荣，都离不开对古代成果的思索。黑格尔曾说，要是不懂古代创作活动，就是白来这个世界一遭，不会欣赏到美的真谛。柯莱门斯·布伦坦诺曾经这样说起过黑格尔，为了能真正欣赏《尼伯龙根之歌》这部作品，他竟然将之翻译成了希腊文。

1809 年 9 月 29 日，该学年结束之际，黑格尔在一次讲话中谈到了自己这种对古代的钟爱。这一学年是在秋季结束，学期考试完毕之后，举行了结业典礼，参加者不仅有学生，还有他们的直系亲属。这样的典礼全域皆知。学校租了一个大厅，并将其装饰了一番。在围着柠檬树的大讲坛的中央，是祖国祭台，上面是国王的半身像。讲坛的右侧坐着王室代表委员会的官员，左侧是校长。典礼以高年级学生的朗诵开始，接下来是校长讲话，然后是颁奖仪式，由王室代表们颁发奖章。颁奖时，学校的合唱队高唱爱国歌曲。

在这所文科中学，黑格尔担任了八年校长。在任该校校长期间，他对学校教育的任务及方法，总结出了一套非常严密的思路。在他看来，教育体系的出发点就是让学生进入教师的精神世

① 《黑格尔书信集》第 1 卷，汉堡：梅纳出版社 1952 年版，第 271 页。

界。他论证说，毕达哥拉斯的学生在最初的四年里必须保持沉默。换言之，他们在这四年里没有发表言论或拥有自己见解的权利。和意志一样，思想首先得从恭顺开始培养。

当然，开始并不意味着就是结束，所以恭顺也不是教育的最终目的。教育的任务在于克服幼稚和偏执的思维。学会恭顺是为了以后能为公益进行独立的思考，并采取行动。所有的教育都力图避免学生陷入主观性的泥沼，而是发挥其在国家中的客体化作用。在黑格尔看来，古希腊永远是把个人和国家融为一体的典范。所以，他视古代文化的学习为人文主义教育的最为重要的途径。

知识的传授和人才的培养是一致的，它们是教师活动的两个不同方面。就如对知识的传授不能简单地看作让学生接受现成的东西一样，人才的培养也不能仅仅满足于既定的行为活动准则，要对学生在思想、感情以及心灵上给予指导。也就是说，要培养学生进行自我创造活动的能力。

然而，形式主义使得教育让人担忧。不可否认，有些规定，学生是不能违反的，一旦违法就得接受惩罚。可是，究其职业特性来说，教师既不是法官，也不是心胸狭窄的普通公民。他们和不服管教及受过惩罚的学生之间，应该是一种信任关系。不能让学生把注意力长期放在一些小小的过失上，只需稍微提醒提醒就行了。在教育过程中，最为重要的是要激发学生的信念，让他们勇于发挥自身的力量，要有荣誉感。对于毕业班的学生，黑格尔总是以"您"或"先生"来称呼，而不是随意地直呼其名。

所有上过黑格尔课的学生，无不对他赞美有加。他们引以为豪的是，他们学校的校长做过大学教授，是著名的学者，而且还是《精神现象学》一书的作者。更让学生惊叹和折服的是，他不但讲授哲学和宗教，而且有时还会替别的老师讲授文学、希腊语、拉丁语，甚至是高等数学。

上课的时候，黑格尔总是从前面讲过的内容开始。他随意找一个学生，简单地回忆一下前一节课的内容，然后开始讲授新课，并做出解释。他要求学生必须记下各个章节的大意。他还抽查学生大声朗读自己的笔记。在他的课堂上，学生可以随时提问。如果没有听懂，黑格尔更是非常有耐心地进行解释。

这所文科中学的三个高年级班都开设了哲学课。黑格尔首先给他们讲授了国家、道德和宗教方面的内容，接下来让学生了解心理学和逻辑学。他还就自然哲学和精神哲学给学生们做了概要的介绍。这些课堂上用过的讲稿，在他去世之后以《哲学初步》为书名出版了。

按照官方的要求，学生们只应该"在推理思维中予以实践性的训练"。但黑格尔看来，这是不对的。他认为，首先臆想出某个具体对象或某种现实关系，再通过哲理去领悟它，就如同按照和声法来判断一首曲子。理论性思维需要建构一个体系。虽然讲得很粗浅，但黑格尔还是努力地向学生灌输这一体系。

最后，黑格尔不得不承认，他的付出是瞎子点灯白费蜡。他坚决主张把所有的哲学课程从中学课表中删掉，其中包括哲学史。他认为，文科中学的任务是做一些哲学入门方面的工作，应该把真正深入的哲学研究放到大学里边去。所以，学生只需了解与形式上的思维原理为基础的基本逻辑学，还有古代文学史及古代宗教史就可以了。同时，对宗教的讲授还应当不与理性相互矛盾，不要陷入诡辩当中。

虽然纽伦堡文科中学堪称模范学校，但这种模范并不包括校长的待遇。黑格尔在文科中学的年薪是一千古尔盾，还不及他在班堡时的三分之一。当时，纽伦堡的生活费用非常高，所以黑格尔曾屡次请求尼特哈默尔给他在大学里找一个职位。这一需求在黑格尔生活出现重大转折时，体现得更为迫切。

黑格尔曾被罗森克兰茨称为"慢性子"。不仅做学者这样，就连做人也是如此。直到他步入不惑之年，才觉得自己需要组建一个家庭。在写给尼特哈默尔的信中，黑格尔希望他的夫人能帮他找一个伴侣。他说，"我马上就到不惑之年了……这件事，我不能托于其他任何人，尤其是我自己"①。

谁料，一切竟然在没有外界帮助的情况下发生了。他看上了玛丽·冯·图赫尔。这位比黑格尔小二十岁左右的女人出身于纽伦堡的一个世家。1811 年 4 月 16 日，她接受了黑格尔的求婚。

玛丽接受他求婚的第二天，黑格尔就把这个好消息告诉了尼特哈默尔，当然也没有忘记提醒他自己迫切要求找工作的事。他说，"我的幸福多多少少是和我在大学里谋得一职相联系的"②。事实上，玛丽的父母对于他俩的关系并不支持。玛丽是他们的长女，另外还有七个孩子，所以也没给她什么嫁妆。黑格尔的收入也并不令人羡慕，而且他的工资还经常拖欠，有时候一拖就是几个月。纽伦堡城的人都知道，文科中学校长是靠借债过日子的。因此，图赫尔的父母不但反对他俩成婚，甚至完全反对他俩订婚。原来，他们正想把女儿嫁给一个大学教授。

对于这件事，尼特哈默尔可算是足智多谋。他写了一封信给黑格尔。事实上，这封信是有意给图赫尔全家看的。在信中，他

---

① 《黑格尔书信集》第 1 卷，汉堡：梅纳出版社 1952 年版，第 297 页。
② 《黑格尔书信集》第 1 卷，汉堡：梅纳出版社 1952 年版，第 356 页。

首先详细谈了校长一职的重大意义。关于聘请黑格尔去埃尔兰根大学就职一事，他说已经毫无悬念，只是得等到新学期的开始。他劝黑格尔，当务之急是完婚一事。因为黑格尔是政府官员，所以得从巴伐利亚国王陛下那里领取结婚证。领取结婚证时的称谓，中学校长要比埃尔兰根大学的教授好。其中的原因再简单不过了：遇到结婚这样的问题，人们经常要考虑孀妇抚恤金。当时爱尔兰根大学建立不久，所以孀妇抚恤金的事还没有定下来，所以很难获得国王的恩准。

尼特哈默尔的这封信可谓是及时雨，至少在玛丽的母亲那里是奏效了。对于让未婚妻领取孀妇抚恤金的事，黑格尔心里感到颇为不快，他根本没有加以理会，但是尼特哈默尔的其他言辞，他觉得非常中听。虽然图赫尔的父亲依然对他冷眼相待，但还是把黑格尔引见给了玛丽的祖父。这就说明他俩的婚约已经得到了认可。黑格尔开玩笑说，在纽伦堡，任何事情都不能急于求成。如果你想买到一匹骏马，刚开始或许只能得到一包马鬃。既然旁边就有一匹上好的驽马，你就得把它买下来。在黑格尔和玛丽正式订婚之前，大家就已经开始把他俩看作未婚夫妇了。

他俩开始谋划自己的未来。毫无疑问，大学讲座是他们梦想的主要内容。黑格尔在信中坦白地给尼特哈默尔说，"我们谈论了许多关于埃尔兰根的事情，我们的婚姻和埃尔兰根在想象中合二为一，就像是夫妇一般"[1]。对于已经取得的成效，这位哲学家是抱有极大的责任心的。他对自己未来的夫人并不隐瞒什么，他把婚姻首先看作宗教上的结合。玛丽则对黑格尔心怀敬畏。在她眼里，黑格尔才华横溢、知识渊博、阅历丰富。

---

[1] 《黑格尔书信集》第 1 卷，汉堡：梅纳出版社 1952 年版，第 364 页。

仲夏，他俩扫清了婚姻道路上的一切障碍。黑格尔向国王递交了结婚申请书，两周之后就得到了答复，内容如下："兹奉本月八日上谕，谨以巴伐利亚国王陛下名义，赐准校长黑格尔教授上月一日提出与玛丽·苏珊娜·冯·图赫尔完婚之申请。纽伦堡城王室全权代表克拉克尔。"① 对于结婚申请这么快就得到批准，黑格尔一点都不高兴。因为他已经有五个月没有领到工资了，所以准备婚礼，未免感到拮据。黑格尔向上级提出请求，让告诉他确切的发薪日期，以便他能借够足额的钱来度日。

他俩的婚礼于 1811 年 9 月 16 日举行。至此，他才感到了真正的幸福。他说，"我终于完全实现了……我的尘世宿怨。一有公职，二有爱妻，人生在世，夫复何求"②。

他俩的第一个孩子是个女儿，生下来不久就死了，接下来又生了一个儿子，取名卡尔。他俩的最后一个儿子取名为伊曼努尔，起这个名字目的是为了能沾尼特哈默尔的光。

在黑格尔的家，十分讲究体面和节制。家政大权由黑格尔亲自主持。这种不得已而为柴米油盐分心的事情，从来没有让他感到心烦。除了夫人生病之外，平时他们只请个侍女在家里帮帮忙。即使后来去了柏林，他们家里也没有请过其他的仆人。根据斯瓦比亚的风俗，黑格尔建了一本家账，记录所有开销。月底对账时，账面结存和手头剩余的现金经常都是相符的。罗森克兰茨曾经这样评论，"黑格尔可以说是太精明了，就算是变成市侩他也会毫不在乎"③。

家务事情并没有妨碍黑格尔的工作。他依旧钟情于他的哲

---

① 《黑格尔书信集》第 1 卷，汉堡：梅纳出版社 1952 年版，第 382 页。
② 《黑格尔书信集》第 1 卷，汉堡：梅纳出版社 1952 年版，第 386 页。
③ 卡尔·罗森克兰兹：《黑格尔传》，柏林 1844 年版，第 266 页。

学。黑格尔这样自豪地评价自己："婚后头半年，就写出了一本30印张的、内容最深奥的著作，这实在是非同小可。"① 接下夹，他的《逻辑学》第一卷在1812年出了两版。

康德早就提出了逻辑改革的问题。在其早年著作"批判哲学前期"中，他就指出了形式逻辑的不足。他一直想创造出一种全新的、内容丰富的逻辑。由此产生了"纯粹理性批判"的先验逻辑。它同"认识的全部内容"密不可分，必须"……研究我们对于事物的认识的根源，除非这一根源可以直接归诸事物本身"②。这是一种关于分析感性直觉的思维形式的研究。这些形式内容丰富，且其内容是人类知性所固有的，而不是从外在世界引申而来。同时，也没有照搬"纯粹知性概念"图式，或来自亚里士多德的范畴。需要声明的是，包括数量和质量、原因和结果、必然性和偶然性在内的范畴，在黑格尔的辩证法体系中占同样重要的地位。

在黑格尔看来，范畴体系是真理的一种形式。纯粹的概念堆砌反映不了真实关系及其相互制约等的复杂内容。哲学的任务就是发现这一实际存在的体系，它既是存在的基础，同时又是与之同一的意识的基础。

范畴体系的好处在于不但我们可以把世界作为一个整体来理解，而且也可以根据它的每一种普遍关系来理解，而这些关系又是用不同的范畴来表示的。既然范畴表示的是具有最高普遍性的各种关系，那么这些范畴就不能用种类或者形成种类的差异性来加以理解。我们只能从相互比较中去理解它们，即在各种关系相

---

① 《黑格尔书信集》第1卷，汉堡：梅纳出版社1952年版，第393页。
② 威廉·魏舍德尔本：《康德六卷集》第2卷，韦斯巴登1956年版，第101页。

互联系的特定的体系当中去理解他们。这种体系的好处就既可以看到事物的全部，也可以把握它的个别部分的本质。

需要说明的是，黑格尔绝没有认为，一个哲学范畴体系就能够反映所有的真正现实的内容，而是反映发展着的现实的最基本、最普遍的各种关系。哲学不是整个地研究世界，或把世界作为整体来研究。

安纳托尔·法朗士曾说，关于宇宙的哲学理论与宇宙本身的相似性，恰似标有纬度的地球仪与地球的相似性。本来，他说这番话的目的是想嘲笑哲学，结果却道明了哲学的本质。哲学为人类提供了方向点，这些方向点和地球上的经线与纬线一样真实。虽然这些经纬线并没有在地球上标出来，但它们毕竟不同于幻想，而是帮助人们掌握世界的途径。

黑格尔不但提出了关于范畴体系的一般设想，而且还正确地指出了构成这一体系的基本原则。他指出了思维是从抽象到具体、从单面到多面、从空洞到内容充实的运动过程。他的论述遵循着内在的必然性，遵循着事物内部的自我运动。逻辑学方面的教科书大都是一些拼凑而成的章节，这些教科书从一个章节转到另外一个章节，往往是一些言之无文的套话，黑格尔对此不屑一顾。

然而，黑格尔的错误在于，他把思维从抽象到具体的运动理解成了客观事物得以产生和发展的实际途径。在他看来，事物的逻辑性和历史性是完全一致的。在这里他提出了逻辑学的首要原则，即历史只是理念合乎逻辑的自我发展的客观体现。

对于这一点，马克思做出了必要的修正。他纠正说，辩证逻辑是对历史性认识事物的一般化的反应。从抽象到具体的运动并不是同客观事物的历史相一致，相反，这种运动同对事物理论掌握的历史相一致，而且这一历史是以非常一般化的方式加以观察的。科学知识的发展，始于最普遍的、枯燥的抽象过程。这种抽象过程继而为具体内容所充实。

与此同时，马克思相信从抽象上升到具体方法，对于从理论上认识发展着的整体，是非常有效的，甚至是唯一正确的方法。马克思在撰写《资本论》的时候，就运用了这种方法。他的《资本论》就是把资本主义社会的经济发展作为一个统一的整体来分析的。因此我们不难理解列宁的断言："不钻研和不理解黑格尔的全部逻辑学，就不能完全理解马克思的《资本论》，特别是其第一章。"① 列宁他本人就满怀激情地研究了黑格尔，1914 年底完成的《黑格尔〈逻辑学〉一书摘要》，就是其《哲学笔记》的主要内容，该断言就出自这本笔记。

黑格尔从"有"（das Sein）这一概念来开始论述他的逻辑学。该概念是没有内容且缺乏任何规定的抽象，所以和其对立的"无"（das Nichts）无异。当然，这不能理解为一事物的存在与不存在是相同的，这样理解是极为愚蠢的。在此，黑格尔不是指个别事物的特定的"有"，他所指的是一般意义上的"有"。但他对这种"有"的概念十分空洞，以至于和"无"的概念相一致。纯粹的有和纯粹的无是完全不同的，但同时又是不可分割而且同一的，双方都消失在彼此之中。这样便出现了第三个概念——生成（das Werden）。"生成"是一个具体而充满内容的范畴——万事万物都处在不断变化的过程当中，处在从一种状态向另一种状态过渡当中，即生成的过程之中。世界永远处于永恒的绝对的生成状态当中，这也是一种不断形成和消亡的状态。

---

① 《列宁全集》中文版第 38 卷，第 191 页。

　　黑格尔逻辑学的前三个概念，就体现了其结构特征，即三段论的原则：正题、反题和合题。按照这一结构，先提出某一正题，然后对其加以否定，最后又对该否定加以否定。黑格尔的整个体系包括三个部分：逻辑学、自然哲学和精神哲学。逻辑学包括三大部分："有论"、"本质论"和"概念论"。这三大部分的每一篇都包含一个三段式结构。这样的结构有时未免显得有些矫揉造作。

　　黑格尔体系更为重要的是关于否定的性质。他所说的否定并非指事物的消亡，更确切一点，应该是指事物的发展。譬如，一粒谷物的种子，可以用各种办法将它消灭掉：可以烧掉它，让它烂掉或者磨碎它。而这粒种子的辩证否定则是在它发芽、成茎的时候才能得以实现。为了更清楚地理解否定，黑格尔用了"扬弃"这一术语，它既有保存和发扬的意思，同时又有废弃的意思。在生成过程中，"有"和"无"都处于被扬弃的状态。

　　黑格尔把生成的结果，即生成之物，称为它的"实有"（das Dasein），亦即一切现存事物应有的"有"。一事物与另一事物的差异由"质"的概念来决定。质是与事物相等同的概念。换言之，一旦事物的"质"被否定，它就变成了另外的事物。这种变化，或者说具体化的生成过程，无处不在。一事物一旦超越了它自身的界限，就成了他事物，而这一他事物一旦超越了自身的界限，又会变成新的他事物。这是一个周而复始的无限过程。黑格尔把这种无限过程称之为"恶的无限性"。它并不能够真正地摆脱有限性，而只是有限性的否定。相反，真正的无限性在某种程度上是浑然一体、完美无缺的。要实现它，必须消除一事物与他事物之间的联系，只保留它对自身的关系。黑格尔由此提出"有"的另一变体"自有"（das Fürsichsein），完成的同时又是无限之"有"。他提出这一范畴的目的，是为了结束对"质"的分析，从而过渡到另一范畴"量"。

量对于"有"的规定性意义不大，各种量的变化并不扬弃事物的"有"。譬如，一座房子不管大小，仍然是一座房子；红色不管是深是浅，都是红色。然而，这是以不超越一定的限度为前提的，一旦越过了它的限度，就会发生质的变化。黑格尔引用了古代的一个诡辩的例子：从头上拔掉一根头发，会变成秃子吗？当然不会。可是，如果不停地拔下去，迟早会变成秃子。这就是量变转化为质变。

把质和量统一起来的是"度"这一范畴。它表明了量的界限。在这个界限之内，事物依然是它本身的存在。如果度量的关系遭到破坏，就会出现新"质"。这种质因为渐进性的破坏而飞跃性地产生。生和死都是从量变到质变的飞跃。然而，黑格尔完全拒绝接受这样的观点，认为新的质在它产生之前就已存在，只是因为度与量太小而没有发现。

飞跃式的质变，其环节构成了度量关系的交错。比如，质料的聚合状态就是鲜明的例子：固态可以变为液态，温度升高时，液态又变为气态。而同一质料发生这样的变化时，化学成分并没有发生变化。这样便出现了承受物的问题，即产生了让暂时的"有"有所依赖的基础问题。这样，"有"过渡到了"本质"。

本质论是黑格尔逻辑性的主要组成部分。"有"是事物的外层表现形式，是事物的表面，是能够直接感知之物。在"有"的层面上，世界表现得支离破碎。换言之，"有"由相互联系而又孤立的客观事物组成。"本质"则是内在的世界，表现出深刻的关系，也是"有"的基础，是过去各个发展阶段的扬弃之物。黑格尔指出了 Wesen（本质）一词和德语动词 sein 的过去分词

gewesen 在词源上的联系。在"有"的范围内，观念相互转化又相互结合，且几乎不以显性的方式表现出来，因为这些概念是被反射出来的。换言之，它们反映在其他概念当中。如黑格尔所言，"本质就是反射：生成与过渡的运动，则一直存在于自身之中"①。从"有"的角度来讲，一事物将会变成他事物，但从"本质"来说，一事物就是这个他事物。

从存在的方式来看，本质就是现象。换言之，本来就没有"纯形态"的本质。本质永远都存在于客观世界的各种现象之中。从现象来看，它也并不存在于自在的现象当中，现象永远是某种本质的表现。本质可以通过现象表现出来，同样，现象也具有本质性。相较之下，本质更深刻，现象更丰富多样。例如，各种社会关系的总和构成了人的本质（这一观点首先是由马克思，而非黑格尔提出来的）。然而，任何个人都不单纯的是这种"总和"，其原因是人远比其本质更复杂、更丰富。

现象中本质的同一的东西即为规律。它并不存在于现象之外，而是存在于现象之中。规律的王国就是一幅显现着的世界的静态画。

本质和现象一起统一构成"现实性"。现实性包含"可能性"和"必然性"。由于这两个特征，现实性与直接的存在相区别，而且使现实性成为内容更具体、更丰富的范畴。

一方面，现实性是被现实了的可能性；另一方面，它也是正在发展中的真正可能性。必须得把这两种可能性区别开来。一切自身并不相矛盾之物形式上都是可能的。当然，并不存在区别这

---

① 格罗克纳本：《黑格尔全集》第 4 卷，斯图加特：弗罗曼出版社 1958 年版，492 页。

　　两种可能性的严格界限。任意一种抽象的可能性在变化着的条件之下都有可能变成真正的可能性。换言之，它们都能走进现实，得到真正的实现。

　　在黑格尔看来，凡是真正可能的东西皆为必然。所以，必然性也是现实性的组成部分。只有由本质的、合乎规律的因素形成的东西，才是现实的。换言之，只有不可避免、必然的东西，才是现实的。必然性和本质一样，也并不以显现的方式存在于眼前，而是永远暗含于其对立面，即偶然性当中。偶然之物就是那些可能存在也可能不存在、可能是这样也可能是那样的不定之物。或者说，就是它的"有"或者"非有"的原因不在自身，而在其他事物中的东西。科学特别是哲学的任务就是认识偶然性假象后面隐藏的必然性。

　　黑格尔的本质论最后分析到了因果关系。他认为，原因产生于与它等同的结果。从这个角度讲，因果关系就是同义语反复。在黑格尔看来，原因并不是决定产生某一现象的各种因素的总和，它只是先于现象而存在，并在本源上和现象相联系的东西。他认为，因果关系只是现象普遍农存中的一个要素而已，它只不过被人为地分离了出来，不完全地表现了普遍关系。

　　假如引入"交互关系"的概念，因果关系的范围就会扩大了。起因不仅改变了其所作用的东西，而且产生这种作用之后，它已经不再是其自身。同时，在作用过程中，不仅能够看到消极的结果，而且也能看到影响原因的积极因素。原因和结果的相互作用使得它们似乎在不断地交换位置，或者说，它们既是自身，也是其对立面。

　　以上论述到的现实性、可能性、必然性、偶然性以及因果关系和交互关系等各种范畴，为精神提出了"自由"的问题：难道自由仅仅存在于偶然性的范围当中吗？这样，精神就步入了第三个主要的范围：主观性或自由王国，即概念论的范畴。

黑格尔把他的《逻辑学》的前两部分（即"有论"和"本质论"）称为客观逻辑，把第三部分及"本质论"称为主观逻辑。然而，这一对立是有条件的。在黑格尔看来，客体和主体是同一的。所以，客观逻辑和主观逻辑一样，既是事物本身的逻辑，也是认识事物的思维逻辑。

黑格尔在其客观逻辑中的贡献可以说是前无古人的。但他的主观逻辑一开始就探讨在传统的形式逻辑教科书中出现诸如"概念"、"判断"、"推论"等问题。黑格尔认为，他的任务就是让多个世纪以来所积累的僵化的物质"流动起来，使这些死物质中的生动概念重新燃烧起来"[①]。他试图努力确定不同判断的认识价值，确定与认识的真正发展相一致的分类标准，并在他的三段论方法中发现事物之间的一般关系。然而，总体来说，他对于形式逻辑的批判并没有多少说服力，并且他自己的逻辑结构显得有些混乱造作。正由于此，列宁称其为使人头痛的妙方。

最后，黑格尔的逻辑性以分析理念（真理）来结束。说到真理，黑格尔总是非常兴奋，在《小逻辑》中体现得更为突出（该书通常认为是《哲学全书》的第一部分）。他认为"真理诚然是一个崇高的字眼，然而更是一桩崇高的业绩，如果人的心灵与情感依然健康，则其心潮必将为之激荡不已"[②]。他无情地斥责了一切放弃或藐视真理的倾向。他认为，自卑往往伴随着懒惰，"往

---

① 格罗克纳本：《黑格尔全集》第 5 卷，斯图加特：弗罗曼出版社 1949 年版，第 3 页。

② 格罗克纳本：《黑格尔全集》第 8 卷，斯图加特：弗罗曼出版社 1955 年版，第 67 页。

往是为了替自己在其有限目的的俗恶气氛中苟活下去"而辩解。他觉得这样的谦逊根本就一文不值。

同样，扬扬自得、自以为掌握了真理的人的态度同样危险。他们想当然地认为真理就在自己手中。掌握了各种陈词滥调之后，他们就认为已经步入了智慧的殿堂。这里，让他们停滞不前的不是认识真理的自卑，而是他们的自负态度。

还有一些人，他们对真理妄自尊大，目空一切。事实上是他们丧失了对一切的信心。什么是真理？古罗马总督庞蒂乌斯·彼拉多曾冷笑着向耶稣提出了这一问题。从中可以看出他对知识和道德的轻蔑态度。彼拉多提出的问题和所罗门王对一切加以否定的所谓的"四大皆空"的说法并无二致。

怯懦的态度同样不利于对真理的认识。具有懒惰本性的人希望人们不要过于认真地看待哲学问题。这些人认为，超越日常思想的探索，不会带来什么好处。这就像投身大海，思想的波涛将你甩来荡去，最后你还得回到日常生活的沙滩之上。倘若当一名平庸无为的官吏，则无须大智大勇和太多的知识。然而，要树立宏伟的目标并实现它，就大不一样了。可以想象，始于青年时期攀登高峰的凌云壮志，是不会以一知半解为满足的。

真理即概念和客观性的一致。真理永远都是具体的，而不是抽象的。有些科学部门只是从某个抽象的角度表现现实，所以忽略了现实的多样性，因而并不包含真理。真理是哲学的研究对象，知识只有在哲学之中才能体现其具体性和丰富性。然而，真理不再是被感知到的个别对象的具体性，而是逻辑的具体性。它之所以具有这种具体性，是因为（与）概念不是相互隔绝的，而是在相互矛盾的各种关系和过渡当中得到了思考。整个世界就是一个不断发展的有机整体，关于世界的知识就是一个范畴体系，这就是辩证法。

　　显然，这还不足以阐明问题。真理不但要求概念与对象相一致，而且还要求对象与概念相一致。在观察某一具体对象时，首先必须确认它是不是和其概念相符合，是不是它应有的样子。通常我们用"真"来描述，有时候也会对真理做出同样的理解。譬如，在谈到某个人是真朋友的时候，说明他的言行举止和友谊这一概念相符合。反之，"假"就意味着与概念本身不相符，表示事物的存在与其概念相矛盾。对于某个坏的事物，我们可能会有一个正确的概念，但该概念的内容在自身范围之内是假的。因此，作为哲学家，必须把"正确的"和"真实的"区别开来。想弄清事物的真实性，仅凭人的注意力是不够用的，还需要有改造直接存在之物的主观能动性。人的智力只能认识世界，被动地接受世界，但意志可以让世界成为它应有的形式。

　　另外，真理只有恰逢其时，才能为自己开辟道路。如果没有激情，是实现不了任何伟大的事情的，但是任何的激情和热情都不足以让未成熟的东西得以产生。

　　因此就出现了理论上的真理、理念和实践上的真理以及理念。后者是比前者更高的形式，因为它既包括普遍的价值，而且具有直接的现实性。理论与实践的统一就是"绝对理念"。这样一来，精神合乎逻辑的发展就达到了顶点。黑格尔《逻辑学》中专门论述绝对理念的章节里，以严谨的形式包含了辩证法的普遍特性。

崇高到可笑

1812 年，当黑格尔在平静的纽伦堡撰写并出版《逻辑学》之际，欧洲东部正是战火弥漫的时候。该年 6 月 24 日，法军越过了俄罗斯边境。拿破仑打着自己的旗帜，在法国、德国、波兰和意大利征集了 60 万大军，这一规模前所未有。黑格尔的弟弟格奥尔格·路德维希，也以军官的身份参与了这次远征。黑格尔则通过报纸来关注战争的形势。俄军不断向后退却，维特布斯克与斯摩棱斯克相继沦陷，接着在莫斯科前线展开了血战。官方报道着法军的胜利消息，说俄国即将在近日内投降。在拿破仑朝着莫斯科挺进，眼看就要打赢这场战争的时候，欧洲列强在双方势均力敌的情况下求和了。这真让人费解。突然间又传来了让人难以置信的消息：法国军队溃败了。接着是一场灾难，法军瞬间瓦解，拿破仑丢下残部，逃回巴黎，准备重整旗鼓。在他离开自己的残部时，说过这样一句名言："崇高到可笑，仅一步之遥。"黑格尔的弟弟格奥尔格·路德维希也在这次战争中失踪了。

拿破仑的溃败让德国骚动了起来。普鲁士和奥地利脱离了法国的统治。在为时三天的莱比锡会战中，萨克森军队投向盟国一方。法军迅速撤离其占领区。在德国，人民掀起了爱国主义的运动。

黑格尔则依然坚守自己的信念，同情拿破仑的遭遇。他痛心地看到拿破仑节节溃败。对众人口中的"解放"一词，他则持嘲笑的态度。而且，他还把拿破仑的敌人称为"解放狂人"。当时还是中学生的尼特哈默尔的儿子自愿参军时，他极为不满，称德国志愿军比巴西凯尔人和楚娃森人还坏。对于俄军为营地所付租金比法军和巴伐利亚军队多一到两倍的现象，黑格尔做出了这样的说明：由于这样三种品质——爱偷盗、长虱子和可怕的烧酒鬼，才使得俄国人付的店钱比巴伐利亚的新兵贵三倍。尽管曾有一个奥地利人偷过他的东西，但俄国人从未光顾过他家，可黑格尔还是借别人的名义断言说是俄国人掠夺了整个村庄。至于德国的志愿军，他说："……城里一位为人正派的太太最近对我说，她……宁愿要三个俄国人，也不愿意要不久前进驻本市的 44 名志愿军。"①

1814 年 4 月，拿破仑退位。在写给尼特哈默尔的一封信中，可以看到黑格尔对此事的反应："我们周围发生了大事。看到一位巨大的天才自我毁灭，真叫人触目惊心——这是天下最悲惨的事件。所有庸碌之辈以其绝对沉重的压力不停歇地、残酷无情地压了过来，一直把高尚者压到和自己同样的水平，甚至压到比自己还低。这些庸众之所以有力量、之所以能够作为合唱队高高在上地，其关键在于，伟大人物不得不听任他们这样做，结果毁灭了自己。"②

---

① 《黑格尔书信集》第 2 卷，汉堡：梅纳出版社 1953 年版，第 15 页。
② 《黑格尔书信集》第 2 卷，汉堡：梅纳出版社 1953 年版，第 28 页。

虽然黑格尔感到闷闷不乐，但他并没有绝望。相反，他甚至为此感到骄傲，其原因是这一事件的整个进程几乎证明了他的《精神现象学》中的一段预言。即谈到法国革命所引起的绝对自由必将为道德精神的新形式所替代的一段话。与此同时，他还借生活中的一些乐趣来做排遣。在上面写给尼特哈默尔的信中，黑格尔引证了《精神现象学》中的那段预言之后，接着说："像骤雨紧跟闪电一样，幸福也伴随着每个伟大的事件。我们的咖啡壶已经流出美味可口、沁人心脾的褐色细流，因为我们不再需要代用品，有了督导收入，可以买到真正的爪哇咖啡了，但愿上帝和好友保佑我们长期这样喝下去……"[1] 在 1813 年年底，黑格尔收到一笔多达 300 古尔盾的额外收入，原因是他兼任了纽伦堡市学校教育事务委员会督导一职。因为这份"督导收入"，假咖啡被真咖啡取代。除此之外，他还有希望在大学做一名教授。黑格尔在这封信的结尾非常乐观地写道："……如果埃尔兰根一事有成，或可为我解除从当代大小人物那里所受的一切懊恼之事。"[2] 事实上，崇高到可笑，仅一步之遥。

埃尔兰根、海德堡、耶拿、柏林等大学城的名字经常出现在黑格尔的信件当中。数年当中，虽然没有结果，但是黑格尔一直在努力谋求一个教授的职位。他有一个荷兰学生叫凡·哥尔特。有一段时期，他想接受这位学生的建议，去阿姆斯特丹讲拉丁语课。又有一段时期，埃尔兰根需要一位古代语言学教授，他又为这个职位所动心。可是，在巴伐利亚当局，既没有人支持他，也没有人理解他。作为学者，虽然他已经非常有名，但在耶拿时的

---

① 《黑格尔书信集》第 2 卷，汉堡：梅纳出版社 1953 年版，第 29 页。
② 《黑格尔书信集》第 2 卷，汉堡：梅纳出版社 1953 年版，第 29 页。

丑闻，影响了他的大学应聘。1816 年，耶拿大学想找一位哲学家，他们找到了谢林，但是遭到了拒绝。对于眼前发生的一切，黑格尔并不感到奇怪。他"在慕尼黑养尊处优，有一笔可观的收入，可以悠闲自得"①。黑格尔已经淡出了耶拿对他的记忆，他也知道其中的缘故。在写给朋友的信中，黑格尔一次又一次地重复，他多年在中学任教，已积累了不少的经验。并且他经常和孩子们保持联系，可以非常流利地讲解自己的教材，而无须照本宣科。

当年 5 月初，黑格尔了解到，对手弗里斯有可能接任耶拿的那个哲学教授职位。也就是说，弗里斯离开之后，海德堡将会腾出一个空位出来。可是，这个职位还得努力去争取。他立马给海德堡的神学家保卢斯写信求助。在信中，他又重复了曾写给耶拿的弗罗曼的内容："我在耶拿的初次讲演给人们留下了一个偏见，认为我讲课既不流利，也不清楚。的确，我一直是严格按照讲稿逐字逐句念的，但是在中学教书八年，至少使我能够讲课讲得流利些了。要达到这一点，任何别的办法都不及在中学教书来得可靠；同时，这也是使讲课讲得清楚些的一种适当办法。我相信，在这方面还是有把握的。"② 在信的结尾，他向海德堡的一些熟人问好，其中也包括弗里斯。弗里斯曾托人向他问过好，这也算是一种回报。当然，这也是他们最后的致意，因为以前的对手现在成了公开的敌人。1811 年，弗里斯的《逻辑学体系》出版之后，黑格尔在其《逻辑学》中毫不留情地进行了抨击："刚出版的最新科学论著《弗里斯著逻辑学体系》回到了人类学的基础。其中

---

① 《黑格尔书信集》第 2 卷，汉堡：梅纳出版社 1953 年版，第 73 页。
② 《黑格尔书信集》第 2 卷，汉堡：梅纳出版社 1953 年版，第 74～75 页。

的基本概念或见解就其本质而言是肤浅的，论述方式也是乏味的，我对这本毫无价值的东西不屑一顾。"① 弗里斯对黑格尔的《逻辑学》也进行了回击，其中不乏尖刻的话语。他们学术见解的分歧不久就导致了政治立场的对立。弗里斯可以看作是为了实现德意志统一而开展的大学生运动中的精神之父，而黑格尔则对这一运动持保留态度。

黑格尔在一月之后收到了保卢斯的回信。信中说，弗里斯的确将离开海德堡，但得等到秋天以后。他建议黑格尔，在做出最后决定之前，应该给哲学系写两封信，一封写给系里，表达自己听说有空缺之后的兴趣；另一封写给个人，信中细谈一下收入情况。

黑格尔照办了。6 月 13 日，他给保卢斯寄出了两封信。第一封是毛遂自荐的正式文体书信，他托保卢斯转交给有该职位决定权的人；另一封私人信件里，他如实谈了自己的全部收入情况：校长薪金 1050 古尔盾，市委员会督导津贴 300 古尔盾，免费住宿折租 150 古尔盾，教师鉴定委员会工作收入 60 古尔盾。其收入共计 1560 古尔盾。

之后，就是耐心地等待。很快，6 月下旬结束了，没有任何音讯。直到 7 月快结束的时候，依然没有音讯。7 月底，黑格尔接待了柏林历史学家冯·劳麦男爵。这位稀客从卡尔斯巴德去柏林的途中路过这里，他的公文包里装着普鲁士内政大臣舒克曼的一份关于柏林大学哲学职位的指令。自费希特离世之后，这个职位已经空缺了两年。原来，1816 年年初，该校大学评议会上，决

---

① 格奥尔格·拉松本：《黑格尔逻辑学》第一版注释，莱比锡：梅纳出版社 1951年版，第 34 页。

定聘请黑格尔担任理论哲学教授。在向分管大学教育的内政大臣
的报告中，对黑格尔吹捧有加："在德国目前在世的哲学家中间，
这一位（黑格尔）在最普遍的哲学活动中本领最大，自信心最
高。他是一位伟大的辩证学家，对哲学非常精通……"① 但是，
黑格尔在柏林有一些敌手。弗里斯的朋友、神学系主任德·魏特
教授，在大学评议会做出决定的同时，给舒克曼写了一封信，揭
露黑格尔的谢林派立场。这位部长是康德的崇拜者，所以憎恨时
髦的自然哲学。德·魏特教授在信中特别强调，黑格尔的教学方
法不适合大学里的要求，说他讲起话来艰涩难懂、吐字不清、混
乱不堪。时任柏林大学校长的莱尔马赫倒不急于立即拍板，他同
样也是黑格尔的敌手。直到 7 月底，冯·劳麦男爵才奉舒克曼之
命来拜访黑格尔，当面澄清疑问。这位男爵对任纽伦堡中学校长
的黑格尔印象非常好。他如是评价："……总体来说，我无权对
他的哲学作出判断。我也不能对他的讲课发表意见，因为我没有
听过。但是，他谈起话来流畅易懂，我不相信他在讲坛上就没有
这份才能。"②

冯·劳麦男爵让黑格尔书面陈述一下他对大学哲学教育的目
的、方法等问题的看法。黑格尔知道，要就聘于柏林大学，这份
书面意见会起到决定性的作用。当时海德堡那边依旧没有任何消
息，所以他便毫不犹豫地动笔了。

他在该篇文章里写道，哲学面临的首要任务是将其自身系统
化。虽然说理论思维有了新的途径，但还不能认为它是一个由各
个部分组成的条理清晰的整体。人们经常想通过艺术想象或者怀

---

① 《黑格尔书信集》第 2 卷，汉堡：梅纳出版社 1953 年版，第 402 页。
② 《黑格尔书信集》第 2 卷，汉堡：梅纳出版社 1953 年版，第 398 页。

疑的态度来代替科学性。然而，他对这两者都持排斥态度。思想是可以学得到的，但前提是它本身得有思维才行。他也反对各种形式的标新立异之举。他认为，新的不等于是真的，真理也不必是新的。更重要的是，知识须经过有条不紊、大小兼顾、一步一个脚印的过程来获取。说到哲学的实际意义，他认为其不在于对人的感化与安慰，而在于辨明所有富含内容的客观事物。

　　这篇文章刚好投合了内政大臣舒克曼的心意。没过几天，黑格尔又收到了另一封来信，是另一位历史学家尼布尔写来的，他同样邀请黑格尔速到柏林执教。原来，在 8 月初的时候，逗留在纽伦堡的尼布尔觉得自己有义务去拜访一下作为著名哲学家的黑格尔。当然，他并非受任何人之命，两人纯属私人交往，所以谈话也非常开诚布公。当时，黑格尔是牢骚满腹，说他再也不想在中学待下去了，不管是柏林大学还是其他任何大学，只要聘请他，他都会欣然接受。对方听了之后，急忙向舒克曼大臣进言，说黑格尔的事情不能再拖下去了。

　　柏林的访客离开后的第二天，他终于收到了期待很久的海德堡的来信。副校长道布正式邀请黑格尔担任哲学正教授的职位。信中写道："本校如蒙阁下俯就，则自建校以来将首次荣聘一位哲学家矣（如阁下所悉，本校曾经聘请斯宾诺莎，惜未有成）。"①至于物质方面，海德堡大学教授薪金合计为 1300 古尔盾，外加实物报酬：6 马尔特谷物及 9 马尔特麦子。黑格尔立即做了答复，8 月 6 日就寄出了回信。在信中，表示出于对大学教育事业的热爱，他决定接受邀请，但没有忘记提醒对方，他原来的收入是1560 古尔盾，所以要求给他提供免费住所。另外，他还提到了可

----

　　① 《黑格尔书信集》第 2 卷，汉堡：梅纳出版社 1953 年版，第 95 页。

能前往柏林大学应聘之事。

冯·劳麦男爵的报告，黑格尔在文章中表达的态度及尼布尔的信件，都产生了效果。8 月中旬，普鲁士发出了一份由内政部大臣签署的紧急公函。舒克曼通过公函告知黑格尔，已获悉他想到柏林大学任教的愿望。鉴于他的学术贡献，内政部已欣然承认他的应聘资格。然而，考虑到双方利益，黑格尔还得解决另一棘手的问题。因为黑格尔近些年没有在大学上过课，曾经在大学当讲师的经历也十分短暂。所以，他到底能不能把自己的学问生动感人地传授给学生，是令人怀疑的。舒克曼的信写得很有技巧，让主张聘请黑格尔的人和反对者们都能接受。

要是没有海德堡的音讯，黑格尔早就急着回信，大谈自己教学上的成就了。但是，去海德堡一事已经胜券在握，所以他也就觉得没有必要急于给柏林那边回信了。再说，在他接到这份紧急公函之前，已经收到了道布的第二封来信。海德堡所在的巴登邦公爵政府批准了黑格尔的申请。另外，他们的一位官员还想出了办法来解决让黑格尔发愁的待遇问题。按照他的办法，黑格尔可以按低价收购实物，来补偿薪金差额。按道布的算法，这样可以买到 10 马尔特谷物和 20 马尔特麦子。原来，听说黑格尔在同柏林大学商谈应聘事宜之后，巴登那边感到十分不安。所以由于这个原因，黑格尔才享受到了这样的折算方式，最终薪金合计达到了 1500 古尔盾。黑格尔也没有提出其他要求，就决定了下来。后来，他的确得到了预期约定的 10 马尔特谷物和 20 马尔特麦子。

给舒克曼的回信中，黑格尔告知了他和海德堡达成的协议。至于来信中提到的教学能力一事，他则以非常礼貌，且不乏讽刺的口吻做了回答，说自己应该有权决定此事。

　　梦想即将成真。黑格尔即将要在海德堡担任哲学教授了。然而，此时又出现了新的状况。他还没有来得及提交辞呈，巴伐利亚政府就于 8 月 30 日授予他埃尔兰根大学"多才多艺、能言善辩、精通希腊罗马古典文学"的教授头衔。在慕尼黑，人们终于明白将会失去一位怎样的人物，他们觉得必须立即采取措施来留住这位哲学家。黑格尔曾经表达过来这里讲授古代语言学的愿望，官方指令埃尔兰根立即聘请黑格尔。然而，大学评议会却不愿屈从官方的指令。埃尔兰根教授们的信写得客气而又冷淡。当然，黑格尔以同样冷淡的态度回应了对方，在感谢他们给予自己荣誉的同时，告知对方自己已经答应前往另一所大学。

　　10 月下旬，黑格尔离开了纽伦堡。10 月 28 日，他正式登上了海德堡大学的讲坛。在第二学期，他举办了两个讲座：哲学全书和哲学史。1817 年夏，黑格尔讲授逻辑学和形而上学（每周 6 节课）以及人类学和心理学（每周 5 节课）。刚开始班上只有 4 个学生，后来发展到二三十人。1817 年夏季，听他的逻辑学课程的学生已经达到 70 人，而当时海德堡的学生总共有 382 人，其中研究古代语言学和哲学的学生有 35 人。

　　虽然黑格尔经常心不在焉，行径古怪，常成为大家的笑料，但人们都非常尊敬黑格尔。据说，有一次黑格尔思考问题时在同一个地方站了一天一夜。还有一次，他边散步边思考问题，天下起了雨，他的一只鞋子掉进了泥里，但他没有察觉，继续往前走，结果一只脚穿着鞋，另一只脚上只穿着袜子。

　　来听他的课的学生当中，有的不但学过他的教材，而且还已经开始讲授他的哲学思想。其中有对《精神现象学》极为钦佩，且为该书办过一期学习班的欣里希斯，还有为黑格尔做助教的卡罗韦等。

弗里德里希·威廉·卡罗韦刚过而立之年。他是法学硕士，来海德堡读了两年书，专攻哲学。1818 年 8 月，他获得哲学博士学位。黑格尔对他的博士论文进行了详细的鉴定，指出了作者的各种优点和对学术事业的执着。卡罗韦的论文不是用拉丁语写的，原因是他的论文选题谈的是大学生组织，而非传统的学术问题。有人认为该论文无可取之处。但黑格尔却让它通过了，还对论文中一篇可以独立成篇的《论荣誉与决斗》一文特别提出了表扬，因为它批评了弗里斯的观点。黑格尔写道："我必须承认，假如弗里斯教授先生为了取得博士学位，把他的这些观点写成论文送到本系来，那么我会投反对票。但是，卡罗韦先生关于同一论题的哲学论文，我却相反地认为，是完全值得我们称赞的。这些观点及其阐述不仅出自一个有教养的人，而且是经过哲学方式加以处理和表达的，甚至达到了思辨的高度……"①

在黑格尔的学生当中，最为有趣的要数鲍里斯·乌克斯库尔。他是一位富裕的俄罗斯地主和近卫军骑兵上尉。拿破仑兵败之后，这位年轻的军人觉得追女人追得没意思了，就决定去大学深造，以完成自己的学业。1817 年春到达海德堡之后，他就立马去拜访黑格尔教授。这位自负的年轻人受到了黑格尔的亲切接待，他为此备受鼓舞。回去后立即到书店把黑格尔出版的所有著作都买了回来。当晚，他就舒适地躺在沙发椅上开始阅读。然而，很快他就发现，他一句也读不懂。他越是认真，越觉得摸不着头脑。这种挫伤并没有让他灰心，他依然去听黑格尔的课，但最终的结果是，他发现连自己的笔记都读不懂。于是他不得不到黑格尔那里去诉苦。黑格尔听完之后建议他自修代数、自然科

---

① 《黑格尔研究》第 2 卷，波恩：博威尔出版社 1963 年版，第 90 页。

学、地理和拉丁文。乌克斯库尔接受了哲学家的建议，26 岁时开始研读这些课程。半年之后，他第三次拜访黑格尔。黑格尔对这位学生的勤奋和学识很赏识，便开始指引他研究哲学。后来，他的这位学生在俄罗斯从事外交工作，但无论走到哪里，不管是斯德哥尔摩还是开罗，《逻辑学》一书总是如影相伴。

黑格尔在海德堡交往的朋友当中，另一个值得一提的人物是让·波尔·里希特。他是一位浪漫派作家，1817 年 7 月来到海德堡，备受教授们和学生的欢迎。哲学系还授予他名誉博士学位。黑格尔在语言学家克罗伊策尔的陪同下，去拜访了他，给他递交了羊皮纸博士证书。黑格尔的夫人早在纽伦堡时就认识让·波尔，所以他在黑格尔家里受到了像久违的客人一样的款待。

在海德堡，黑格尔不仅在教学方面，而且在写作方面，都有了很大的用武之地。《海德堡文献年鉴》编辑部要求他负责哲学板块。在 1817 年的头两期，他发表了一篇对雅科比全集第三卷的评论文章，年底又对符腾堡邦议会会议上的辩论情况做了详细分析。

虽然早就离开了斯瓦比亚，但黑格尔对家乡发生的政治事件还是十分关注。战争期间，符腾堡在波拿巴及对手之间见风使舵，所以战争之后其原有疆域扩大了一倍多。符腾堡国王与时俱进，在 1815 年 3 月召开各界代表大会，还发给他们一份成立一院制议会的宪法草案。这也是资产阶级发展道路上的一大进步。和波旁王朝不同的是，符腾堡国王通过历史得出了自己的结论。可是他万万没有想到，邦议会竟然驳回了这份宪法草案，要求恢复"古老的美好法制"，也就是 1806 年以前古代符腾堡盛行的封建制度，而且要求把这样的制度扩展到新增加的领土上去。这便引发了一场旷日持久的宪法辩论，这场辩论一直持续到 1819 年符腾堡国王弗里德里希一世去世才得以告终。

黑格尔对这场辩论投入了极大的关注，他还在邦议会会议公报发表之后，细致地分析了会议活动状况。因为写出来的文章是面对广大群众读者的，所以他努力写得清楚一点。这样他的文风又一次回归朴素，并且满怀激情，这种风格在他的著作当中已经很久不见了。

在文章里，黑格尔批判了想恢复过时的封建关系的邦议员们。黑格尔把这些人的态度比做这样一个地主，他的田地被淹之后变成了肥沃的沙地，可他依旧按老办法耕种。他说："可以拿过去说过法国归国流亡贵族的那些话，来说符腾堡的这些邦议员们了，他们什么也没有忘记，可是什么也没有学到。近25年是世界有史以来最富有内容的，我们的世界和我们的观念都同它息息相关，因此也是对我们最有教益的，然而他们却好像把这25年都睡过去了，要粉碎这种错误的法权观念和对国家宪法的偏见，最厉害的榴弹炮莫过于这25年对他们的报应……"① 黑格尔认为，这样的年代极为少见，所以要从事政治活动，就必须考虑过去恐怖的25年中获取的宝贵经验。

黑格尔斥责说符腾堡的邦议员们已经在"政治上死亡了"。这一点主要表现在缺乏议会制传统，也表现在数百年来他们身上沿袭下来的惰性和奴性。他还讲述了议会制度的原则，以及反对派在国家中的作用等问题。

与此同时，黑格尔并没有把资产阶级民主理想化。在他看来，在这种民主制度之下，公民就像孤立的原子，选举大会就像

---

① 格罗克纳本：《黑格尔全集》第6卷，斯图加特：弗罗曼出版社1956年版，第396页。

大杂烩一样，结果作为整体的人民就消失在一大群个别人当中。在黑格尔看来，资产阶级制度下，个人的价值并不是通过年龄才能体现出来，而是通过官职、等级、为社会所承认的手艺（或作为名师，或带有其他头衔）来体现出来的。封建专制制度必将被合乎理性的、有组织的国家机构所替代。所谓国家，就是社会共同体的体现者。他的这些观点在后来法哲学中得到了充分的发挥。

黑格尔对具体的历史事件进行了考察并分析了它们的政治意义，得出了一些普遍性的结论，却没有对历史过程逐一进行分析。他认为："不久以前盛行一时的心理学历史观，把个别人物的所谓秘密动机和意图、逸事和主观作用当作最重要的东西。然而，这种观点现在已经不值一提了，历史将恢复自己的本色，力图呈现实体的本质和过程。"[1]

就此，黑格尔确立了历史必然性的观念。但在黑格尔的观点，这种必然性是通过一系列相互矛盾的偶然性为其开辟道路的。所以，在拿破仑兵败之后，黑格尔确信，军事上的胜利并不能倒转历史的车轮。那些反对派，只能耀武扬威一时，而不能阻挠人类历史前进的步伐。他的这些观点为制定一种彻底的哲学历史概念奠定了一定的基础。不过，在当时，这些观念还处于萌芽当中，直到后来才得以成形。

1817 年夏，黑格尔在海德堡时的主要著作《哲学全书》得以出版。这部著作第一次全面体现了黑格尔哲学思想的整个体系。他在世时，这部著作再版了两次。虽然版本之间出入较大，但基

---

① 格罗克纳本：《黑格尔全集》第 6 卷，斯图加特：弗罗曼出版社 1956 年版，350 页。

本概念和结构都没有发生变化。对于增加的一些为数不多的章节，都通过注释作了详细说明。

该书的第一部分是逻辑学（简明扼要地介绍了将在《逻辑学》中详加阐述的观念），第二部分是自然哲学，第三部分是精神哲学。

黑格尔的自然哲学带有双重性的特点。它既包括基于实验的自然科学成果，也包含他自己的思想。他天才的猜测和幻想混在一起，让人难以区分。他认为，自然是理念的异在形式，是外化了的精神存在。故而，不能将自然神化，也不能把星辰日月、动物和植物都置于人类的伟绩之上。显然，自然界自身有一个由不断继承、连续发展的阶段构成的体系。生命是这个体系中的最高阶段。然而，黑格尔既不赞同进化论，也反对按照目的论的视角来研究自然。在他看来，对天地万物的评价，应该站在对人类实用性的角度去考量。

他的自然哲学由三部分组成：数学、物理学和有机物理（即生理学）。时间和空间问题是数学的基本问题。这些范畴的基础是一对矛盾，即连续性和非连续性的同一。空间和时间在相互当中的消失与再现即为运动，而运动的实体则是物质。因此，黑格尔不同意牛顿"空间和时间本来就是空的，必须从外部充实以物质"这一观点。

黑格尔的物理学第一章就开始规定光的性质，他称之为第一元素。他和牛顿刚好在这里产生了对峙。他认为光的折射学说是粗俗的概念和盲目的偏见。在这里，黑格尔援引了歌德的观点。歌德认为白光是不可消融的，颜色产生于白光和阴暗的不同比例组合。同时，光还是抽象的，所以不能直接和热相联系。黑格尔说，"这种热也不属于阳光本身，而是阳光照在大地上，使大地发热。正如高山和气球旅行所证明的那样，光本身是没有热量的"①。

接下来，黑格尔从光学转向了天体力学。需要说明的是，当初他在申请授课资格时的那篇论文中，试图用毕达哥拉斯数列来发现行星和太阳之间距离的武断想法，早已被他抛弃了。黑格尔在这一部分写道："迄今为止，天体学还没有发现真正的规律，更没有什么合乎理性的东西——我在一篇早期论文中对这方面所做的探讨，已经不再让我感到满意了。"② 能够承认自己的错误，这是唯一的一次。当然，这一修正只能在《哲学全书》的初版中见到。

然后，他开始谈论"元素"问题。黑格尔提出了四种"元素"：气、火、水、土。又因为各"元素"物质结构各异，所以把相应的章节定为"个别物理学"。要区别物体，最简单不过的方法就是测出其比重。然而，只要黑格尔不承认有真空状态的存在，他就无法用物质的不同密度来解释比重问题。可以看出，在这一问题上，他追随了康德。康德的根据是充实一定空间的各个小部分的张力和动力，以及它们充实空间的强度，而不是充实该空间的各个小部分的数目的量。需要说明的是，黑格尔是否认原子论的。

对于无机物质来说，其个别化的最高阶段就是化学反应。在化学领域，黑格尔做出了一个重要猜测——他预言了元素周期律。他在《逻辑学》中这样说："似乎存在这样一种任务，即按

---

① 格罗克纳本：《黑格尔全集》第9卷，斯图加特：弗罗曼出版社1958年版，第161页。

② 格罗克纳本：《黑格尔全集》第6卷，斯图加特：弗罗曼出版社1956年版，第179页。

照一种规则，把比重级数的幂作为一个体系来认识，这种规则把一个纯粹的算术复数规定为一系列和谐的节——这个要求正是为了认识上述化学亲和序列而提出的。"①

虽然黑格尔把自然看成是一个体系，但他不愿将这个体系放入运动状态当中。显然，这一证据证明了这位辩证法大师竟然自己不尊重辩证法。而且，对生命的自然起源问题，他一直持否定态度。倘若在其《哲学全书》的初版中这一态度表达的过于绝对，那么在以后的版本中则做出了小小的让步——他承认某个生命昙花一现的自我繁殖，但将其称之为"偶然发生"，而不是"发展"。

虽然真正的生命活动始于植物，但只有在动物界，有机体才达到了主观性的阶段。动物有机体的特征表现为感受性、激应性和再生性三个方面。这些特征又体现在三个系统中：神经系统、循环系统和消化系统。正是由于同无机界的密切联系，有机体才能得以生存。如果这种联系被切断，有机体就会产生匮乏感、产生冲动与需要。所以，有机体的活动就是为了满足自身需要而进行的永久的斗争。在这种斗争中，动物为感觉所支配。如果超越了这个界限，就会进入精神的领地。

只有进入了精神阶段，理念才能实现自我意识。黑格尔的精神哲学包括主观精神、客观精神和绝对精神。从《精神现象学》中已经了解到，它们就是指个体意识、社会活动和社会意识的各种形式。

主观精神又分为人类学、现象学和心理学。人类学研究人的

① 格罗克纳本：《黑格尔全集》第4卷，斯图加特：弗罗曼出版社1958年版，第454页。

"心灵"，也就是研究人的精神活动与肉体相关联的部分。黑格尔引用民族和种族的差别，提出了心灵的天然限制。显而易见，黑格尔是反对种族主义的。他认为，人人都有平等权利的可能性就在于人是有理性的。当然，人与人的精神状态各不相同，这也是一个不争的事实。

通过分析，黑格尔认为，人的精神活动天然地受制于年龄和性别的差异，受制于情感和激情机制，也受制于心灵的病变倾向。

事实上，心灵只是精神的梦幻。只有在意识当中，这种梦幻才能苏醒，所以意识就成了《现象学》的研究对象。在1807年出版的《现象学》里，黑格尔对该科目做了非常详细的阐述。他想以此来开创他的哲学思想体系。此时，他严格地限制了该科目的研究范围，将之置于次要地位。现象学研究的对象是意识、自我意识和理性。刚开始，人们看待自身，就如同看待一个与他相对立的客体一样。接下来，人认识到了自身，即通过另一种意识达到了这一认识，通过另一个人格认识到了自己的人格。一直到了理性阶段，人才发现自己和世界的精神实体的同一性，他把客观世界"非物化"了。

在心理学当中，人的认识和活动的各种形式都脱离了本身的内容，成为研究对象。知觉、概念和思维，情感、冲动和意志，都成了心理学的研究对象。它们只有到了客观精神和绝对精神当中，在法和道德中，在艺术、宗教和哲学之中，才会有充实的内容。黑格尔的思想体系，就是这样创造而来。在此只能做一粗略的介绍。到了晚年，黑格尔对他的这个体系进行了完善，对各个部分做了细致的补充，但他的整个结构体系没有发生变化。

1817年年底，柏林大学再次商议邀请黑格尔一事。普鲁士内政部的权限已经有所减弱，由一个新成立的文教部来掌管宗教、卫生和教育事业。文教部大臣阿尔腾施泰因男爵坚信黑格尔哲学对国家大有裨益，所以他一上任就给黑格尔写了一封私人信函。他在信中表示，将给他 2000 塔拉的年薪，相当于 3500 古尔盾，是他在海德堡收入的两倍。1818 年年初，黑格尔收到这封信后，考虑了两个半星期。柏林是德意志文明的核心，有科学院、剧院、博物馆和图书馆等。在这个德意志最大的邦的首府，有望获得更多读者。在这里，还能引起对费希特的回忆，成为他的追随者，这将是黑格尔莫大的光荣。1 月 24 日，黑格尔给阿尔腾施泰因回信，表示愿意接受邀请。信中，他还问及一些细节问题。例如，柏林的实物补贴如何？能不能提供免费的住所？若遇不测，家属有没有抚恤金？他还提到，自己刚刚在海德堡买了一些家具，若去柏林，又得重新安家。所以请求给他 200 弗里德里希多尔的迁居费用，这当然比实际开销要多一点。在信中，他最后还提出了一个要求，即免去他的财产在搬运中应付的关税。

　　文教部对他的来信做了答复，并正式通知他，普鲁士国王已于 3 月 12 日签署了任命他为柏林大学哲学教授的文件。他的迁居费定为 1000 塔拉。这比他希望的少了一些，但是他可以在任教之前就领取薪水，这就可以抵消其中的差额。关税也不用交了，但得汇报他的包裹件数。至于抚恤金之事，他们自有惯例。在柏林，大学教职员工一般不能享受免费住宅，所以教授的薪金相当丰厚，以便他们适当做出安排。如果他还有什么其他困难，文教部将尽其所能，来改善他这位著名学者的生活条件。至于实物补贴一事，并未提及，因为柏林大学成立只有 8 年，这里无人知晓小镇中流行的那种中世纪惯例。当然，黑格尔也没再为此费口舌。更何况，阿尔腾施泰因还答应他，努力把他选进普鲁士科学院。

柏林大学校方询问黑格尔的开课时间，他的答复是 10 月底。没过多久，他就接到通知，说他的薪水从 7 月 1 日算起。

整个搬迁过程用了三周多的时间。行李是事先分批运走的。8 月底运走了两个装着床上用品和家用器具的箱子，一周之后又运走了三件包裹，其中包括两个书箱和一个换洗衣物箱。其余剩余物品在他们动身前又打成了两件包裹。

他们悄无声息地离开了海德堡，然后在耶拿小住了几天。他的老朋友、他私生子路德维希的教父、书商弗罗曼非常热情地招待了他们。在这里，黑格尔和克内贝尔重归于好。

接下来有一天，黑格尔转道魏玛去拜访歌德。由于误会，两人往昔的友情一度受到了影响。《现象学》前言中的一句话，受到了歌德的误解。两人为此争执不休，直到 1813 年才握手言和。在纽伦堡的时候，黑格尔观看了物理学家泽贝克以歌德的颜色学说为依据的实验之后，建议把泽贝克所发现的现象用"眼内颜色"（entoptische Farben）这一术语来描述。这一术语被歌德所接受，并经常运用。波瓦塞雷注意到，在《哲学全书》中，黑格尔表示赞同歌德的颜色学说，于是把它告诉了歌德，让他对此颇感欣慰。随即，诗人歌德向黑格尔表示致意，不久又寄给他一封短信，并附上了一本自己新出的自然科学著作。对此，黑格尔写了一封非常夸张的长信，称颂歌德在光和颜色研究方面的成就。对于这次重逢，两人都备感高兴。但见面时光极为短暂，未免让人遗憾。

9 月 24 日，在弗罗曼家里，大家为黑格尔的小儿子伊曼努尔过了四周岁的生日。接下来全家继续旅行。从耶拿出发有四天的路程就可以到达柏林，他们分别去了魏玛、魏森费耳斯、莱比锡和维腾堡，终于在 9 月 29 日这天到达了普鲁士的首都柏林。因为一时租不到房子，黑格尔一家一周之后才搬进莱比锡大街和弗里德里希大街夹角的一处屋子。后来，为了离学校近一点，黑格尔又搬了一次家。他们搬到了库普弗格拉本 4 号，在那里定居了下来，直到他去世。

密涅瓦的猫头鹰

　　哲学家黑格尔不久更适应了普鲁士当地的风俗习惯。首都的日常生活与海德堡完全不同，社交圈子也不断扩大。与他交往的大多非显即贵，如大臣、枢密顾问及科学与艺术界的知名人士等。打败拿破仑后，霍亨索伦王朝不仅对德国，甚至对整个欧洲的领导地位，都是垂涎三尺。柏林正经历着所谓的"大政治"运动，对此黑格尔印象深刻。

　　黑格尔家中和往常一样，每一项收支都记录在账本上。他每季度的收入有 500 塔拉，另外还有学生听课的酬金及稿酬收入。他每周给夫人 10 塔拉购买日用品。而每季度 7 塔拉 12 格罗申的房租、女仆的工资及其他开支，都由作为一家之长的他自己来支付。在海德堡的时候，保卢斯教授的夫人曾对他说，柏林人喝酒用的都是小得可怜的小酒杯。然而，黑格尔到了普鲁士之后，依然坚持他在斯瓦比亚养成的习惯。在他们家的账本中，还有一栏，记录着给夫人买衣服、自己购书、看戏及听音乐会，还有偶尔上餐馆等方面的开支。黑格尔喜欢走亲访友、款待客人。

　　据和他亲近的人讲，黑格尔不会错过任何娱乐的机会，而且越老越是如此。他可以随时和别人聊天，也喜欢听街市上的流言蜚语，饶有兴致地议论政治方面的新闻。和女士们交流，黑格尔感到心情舒畅。对青春和美，他有一种爱慕感。偶尔，他也喜欢接触一些平凡的人，似乎他的沉思与冥想离不开浅薄和庸俗之辈似的，而且他对这些人有一种温和的同情感。

罗森克兰茨这样评论黑格尔："但是，在黑格尔的社交关系中，不仅应当看到友善的一面，还必须看到严峻的一面，看到他的果断、倔强、执拗以及柏林人称之为暴戾的那种行为。柏林生活的机械性无疑使人有必要在公开场合有决断能力，如果他们不愿成为派系的玩物，不愿看到自己的功能为派系所削弱，哪怕再有本事，也将会被派系糟践得一钱不值。因此，即使在黑格尔身上，那种纵情享受生活的豪爽外貌，同知心朋友的亲密交往，也有……一个严肃的、常常更是阴郁的一面，他的执拗生硬的性格有时甚至让朋友们也下不了台。对于同他简直是水火不相容的人，黑格尔更是铁面无情的，只有兴致勃勃的时候，他才能说服自己，同他们泰然相处。他发起怒来，总是气势汹汹，暴跳如雷；一旦他认为非恨不可，他就恨得彻彻底底。"[1] 当然，他的怒气首先会发泄在政论的敌手身上。

阿尔腾施泰因邀请黑格尔去柏林，是出于十分明确的政治目的。当时，大学生已经开始闹起了风潮。他认为安定人心的最好办法就是研究哲学，并相信，革命就是进化受到压抑之后爆发的结果。因此，需要谨慎地监视各种动态，让一切往正轨发展，以防发生可怕的暴力事件。他认为，用哲学教导人们合理而有条理地进行思维，可以在这一方面做出巨大的贡献。在他看来，现在

---

[1]　卡尔·罗森克兰茨：《黑格尔传》，柏林 1844 年版，第 361～362 页。

所有的哲学学说中，黑格尔的观念是最让人满意的。

显然，黑格尔明白人们对他的期待。在就职演说时，他一开始就歌颂普鲁士是科学与文化的中心，精神生活是普鲁士的基本特征之一。他说，"在这个国家里……人民同君主一起争取独立、争取消灭异族的残酷压迫、争取精神自由的伟大斗争，取得了良好的开端"[1]。他进一步认为，"哲学已经逃亡到德意志人中间，而且只有在他们中间才能继续生存"[2]。

如果说在海德堡时，他还十分同情拿破仑的话，那么到了柏林，这种同情感已经逐渐消逝。而且，普遍高涨的爱国运动也让他深受感染。1814 年的战争带来的是分裂状态，让人们充满了对自由的渴望。当然也说明了采取积极行动的必要性。与此同时，人们的立足点也发生了转移。一段时期以来，革命变成了对拿破仑的专政，让其失去了所有的同情。人们逐渐从狂热中冷静下来，不再陶醉于民族主义。对于政治活动，人们还不太成熟，只有大学生们在参加活动。象大学生协会这样的组织，就是在这种背景下产生的。旧的大学三同乡会也被其取而代之。在以前的同乡会里，他们只为君主的健康而干杯。虽然没有明确的政治纲领，但是，大学生协会从成立之日起就具有政治特色。在德意志民族的统一问题上，当时充斥着各种极为混乱的观念，这些观念几乎是反对一切：反对法国的风尚，反对英国的商品，反对俄罗斯的独裁政治，同时也反对自己的政府。有些人梦想着德意志帝国能够复活，有些人渴望看到一个民主共和国，还有一些人则认

---

① 格罗克纳本：《黑格尔全集》第 8 卷，斯图加特：弗罗曼出版社 1955 年版，第 32 页。

② 格罗克纳本：《黑格尔全集》第 8 卷，斯图加特：弗罗曼出版社 1955 年版，第 34 页。

为首先要做的是禁止犹太教。有四个形容词一遍遍地被人们重复着：新鲜的、虔诚的、快乐的、自由的。他们解下法国人的领巾，认为这样就可以恢复古代日耳曼的品德。耶拿是当时运动的中心，弗里斯教授在耶拿的讲坛上含混地宣告了德意志的自由。魏玛公爵称他要把自由放在他的庇护之下。

1817 年 10 月 18 日，来自各地的五百多名大学生聚在瓦特堡，隆重纪念宗教改革三百周年和莱比锡大会战四周年。在场的还有包括弗里斯在内的四名教授。大学生在这里共同商议成立德意志大学生协会总会之事。午饭时，他们一起为自由、为魏玛公爵、为莱比锡会战的胜利干杯。等到教授们晚上回家之后，大学生们又聚在一起举行了火炬游行。他们点燃一堆篝火，向路德致意。此时，有人提出烧毁臭名远扬的反动书籍。因为手头没有这些书，他们于是开出了一个书单，其中包括《普鲁士警察法令汇编》和《拿破仑法典》。他们还把扎成的假人当作靶子，扔进火里。与此同时，他们还烧毁了一绺士兵的发辫和一根伍长用过的指挥棒。

瓦特堡的聚会后来遭到了一系列的报复。弗里斯丢掉了饭碗。大学生当中发生了骚乱。第二年整整一年，局势一直非常紧张。1819 年春，柯采布埃遇害。

奥古斯特·柯采布埃出生于魏玛，法科学生出身，信仰君主主义，是一名作家，也是一个朝三暮四的人。在俄罗斯担任外交官的时候，他从沙皇那里得到了贵族的称号，并得到了一份爱沙尼亚的田地。1817 年，亚历山大一世派他前往德国，为其收集德国的详细情报。作为作家，他写出了 211 个流行一时的剧本和大量的散文。因为在作品中嘲笑大学生协会的会员，所以遭到他们的痛恨。这些会员称其为俄国间谍，扬言要和他算账。结果，1819 年 3 月 23 日，58 岁的柯采布埃被神学生桑德刺杀致死。

于是官方开始逮捕学生。夏季的时候，德意志各邦君主聚集在卡尔斯巴德。他们当下做出决定，加强对大学生的监视，禁止一切秘密结社行为。对 20 印张以下的印刷品，全部进行检查。同时，在美因兹设立了"中央调查委员会"，来查办所谓的"煽动者"。

黑格尔的学生也在被警方扣押传讯之列，所以他也被迫卷入了这一事件。就黑格尔的个人观点而言，他既不赞成激进主义，也反对警方的报复行为。他力图缓和大学生协会中学生们的情绪，同时尽力去援救遭到迫害的学生。

据传，有一位大学生被关在一间单人牢房，牢房就在斯普里河边上，窗户和水面一样高，所以他的同学经常晚上乘着小船去探望他。有一次，这些同学说服黑格尔，让他一起冒着危险前往那里。按照规定，和囚犯用拉丁语谈话会以谋叛论处，所以黑格尔只问了一句："Num me vides?"（你现在看得见我吗？）因为当时就在被囚禁的学生面前，所以他的这句问话引起了大家的嘲笑。不过，黑格尔跟着他们自嘲地一笑了之。

或许并没有发生过这样的事情，这只是大学生为了取乐而杜撰的故事而已。但是，这也说明了学生们想通过这样的故事来表达对黑格尔的尊敬和同情。显而易见，他们一方面相信自己老师的勇气，同时也嘲笑了他在当时境遇中的窘境。

事实情况是，黑格尔被身边的流言给吓到了。在给朋友的信中，他这样写道："我已年过半百，在这充满恐惧和希望的动荡岁月中度过了 30 年，唯愿这种恐惧和希望有朝一日了却掉。可现在我必须明白，这个局面还要继续拖下去，情况将越来越糟——的确，人们在这乱世之中不得不这样想。"[①] 在另一封信

---

① 《黑格尔书信集》第 2 卷，汉堡：梅纳出版社 1953 年版，第 219 页。

中，他写道："……我一方面是个容易兴奋的人，另一方面却又喜欢安静。成年累月面临暴风骤雨，毕竟不是件愉快的事情，尽管我相信，落在我身上的至多不过是几滴雨珠。"①

他把思想过激的学生和讲师称作"自由暴民"。要对被捕者产生强烈的同情，他必须得克服对"煽动者"的厌恶情绪和对政府的恐惧心理。

1819 年 7 月，一位叫古斯塔夫·阿斯弗尔乌斯的大学生被捕了。他是黑格尔在耶拿时的一位朋友的孩子，他既是大学生协会的成员、民族主义者和极端分子，又痴迷于桑德的行动，认为柯采布埃事件证明了德国的软弱。他觉得桑德的行动不能按照常规来理解。为祖国的巩固而战，其思想至高无上。懦夫总是只考虑后果，而世界精神永远都是通过高尚的行动为自己开拓道路。阿斯弗尔乌斯把大学生协会的各种概念和黑格尔的哲学术语混杂在一起，并且非常武断地解读黑格尔的思想，还把黑格尔看作自己的精神之父。他在给父母的信里写道："黑格尔已经教给我有关国家的见解，我现在知道应该做什么，不应该做什么，知道共和国、选举制帝国、诸神无差别等毫无裨益。有许多人梦想这些东西，我却把它们抛到了九霄云外，并非因为它们是过分高超的事物，而是因为他们纯属子无虚有，有如幻影……我所要求的乃是一切人的自由和祖国的统一……我认为，桑德之所以这样做，正是由于感到缺乏这种统一……这样，你们可以放心了，除了好好学习之外，我是什么也不会干的，桑德的行动在这方面又一次让我受到了鼓舞。"②

---

① 《黑格尔书信集》第 2 卷，汉堡：梅纳出版社 1953 年版，第 272 页。
② 《黑格尔书信集》第 2 卷，汉堡：梅纳出版社 1953 年版，第 435～436 页。

阿斯弗尔乌斯的父亲来找黑格尔，寻求他的援助。要知道，在这种环境当中，为国王的敌人辩护，意味着自取灭亡。尽管如此，黑格尔还是把阿斯弗尔乌斯父亲的请求交给了警察局，并附上了自己的一封信，对阿斯弗尔乌斯做了评价，保证阿斯弗尔乌斯是清白的。对于这桩案件，他的熟人、法律顾问官克劳泽做了受理。阿斯弗尔乌斯被关进单人牢房，不准接见外面的任何人。审讯过程持续了两年。因为阿斯弗尔乌斯没有犯罪行为，他也不能因为信仰而定罪，所以被捏造出了许多莫须有的罪名。经过多次努力，黑格尔最终和他们讲好以 500 塔拉来保释阿斯弗尔乌斯。1820 年 6 月，监禁 11 个月的阿斯弗尔乌斯在没有判决的情况下释放了。然而，这件案子并没有就此终结，直到 1824 年 12 月，才最终开庭审判，这个无辜的年轻人被判处 6 年有期徒刑，罪名是"叛国"和蓄谋暗杀。原来，据传阿斯弗尔乌斯曾经扬言要杀死一个叫伊尔克森的人。众所周知，因为伊尔克森的出卖，两名爱国者被拿破仑的士兵枪杀掉了。1817 年，伊尔克森出现在耶拿大学时，大学生协会知道他和法国人勾结后发誓要和他算账。后来，他被当局驱赶出了耶拿。有一次抄家时，在阿斯弗尔乌斯家里发现了一位叫里曼的大学生写给伊尔克森的恐吓信的手抄版。这封信曾经被抄写了好多份，在耶拿流传甚广。阿斯弗尔乌斯将这封信做了些修改，这成了法庭上给他定罪的证据，证明他蓄意组织暗杀。这样的理由虽说荒唐，但判决还是持续了两年之久。期间，在阿斯弗尔乌斯两次向国王上书请求赦免之后才得以撤销。

报复活动还牵扯到了黑格尔的同事。在官方的眼里，柏林大学的大部分讲师都是可疑的。德·魏特教授遭到解职，原因是他给桑德的母亲写过一封信，信中称桑德是一个纯朴而虔诚的青年，其行动主观上是诚实的。柏林大学的评议会想为德·魏特说情，但遭到国王的断然拒绝。大学生们将一个银制的高脚杯献给了他们敬爱的德·魏特教授，并在杯子上刻了一句福音书中的话："用不着惧怕那些只能杀害肉体而不能杀害精神的人……"在解职时，国王曾传令给德·魏特教授预付三个月的薪金。虽然穷困潦倒，但德·魏特还是高傲地拒绝了。他柏林的同行们认为，有义务为这位被政府解职的教授筹措一点生活费用，直至他找到新的生活为止。施莱尔马赫捐了50塔拉，黑格尔捐了25塔拉（为了安全起见，他没有把这笔钱记在账本上）。虽然在他受聘柏林大学时，遭到了德·魏特的强烈反对，但他还是伸出了援助之手。

就德·魏特教授解职一事，黑格尔和施莱尔马赫产生了一场激烈的争论。黑格尔认为，在保证其继续领取薪水的情况下，国家有权力解除一名讲师的职务。作为神学家的施莱尔马赫则认为黑格尔的观点卑鄙。黑格尔于是立即言辞激烈地予以反驳。施莱尔马赫回去冷静思考之后，给黑格尔写了一封信致歉。信中还告诉黑格尔一家他一直想去的酒店地址，然后感谢黑格尔对他粗暴态度的激烈回应，希望此事能就此了结。黑格尔第二天做了以下答复："尊敬的同僚先生：昨日承示酒店地址，不甚感谢。阁下主动消除我们之间新近发生的不愉快，并对我由于激动所做之回答表示原宥，更增加了我对阁下的敬意"①。他俩的关系终于恶化了。施莱尔马赫在科学院的地位举足轻重，黑格尔最终也没能当上院士。

显然，黑格尔和施莱尔马赫之间的矛盾不仅仅是个人恩怨。这和他与弗里斯的争论一样，分歧在于一些原则性的问题。施莱

① 《黑格尔书信集》第2卷，汉堡：梅纳出版社1953年版，第221页。

尔马赫支持浪漫主义，这正是黑格尔所厌恶的。黑格尔在神学和哲学的研究中，都是从个性出发，把艺术看作个性充分的展现。而施莱尔马赫认为宗教是建立在感情皈依的基础之上的。黑格尔尖刻地评论说，如果施氏的看法正确，那么最好的基督徒就是狗了，因为狗永远生活在这样的感情中，甚至把主人给它扔的骨头都当作一种恩典。而施莱尔马赫则根据柏拉图的观点，把辩证法理解成一种从对话和谈话中获得真理的主观艺术，从而指责黑格尔是教条主义者。

黑格尔的周围不乏这种报复活动。黑格尔的朋友和学生弗尔斯特·弗里德里希被免去了军事院校讲师的职位。在一次皮歇尔斯伯格主办的庆祝会上，弗尔斯特·弗里德里希做了如下致辞："我们并不祝愿桑德长命百岁，但愿恶势力能够不打自倒！"黑格尔也参加了这次聚会。他的助教卡罗韦也遭开除。作为稳健派领袖的卡罗韦于1819年出版了一本评价柯采布埃遇刺事件的小册子，书中在谴责犯罪者的同时，认为其行为是违背黑格尔的哲学立场的。结果，他的观点被曲解为替桑德辩护。虽然警察局证明卡罗韦是清白的，但阿尔腾施泰因还是不准他继续在柏林从事教育工作。卡罗韦去了布累斯劳，在那里又受到王室代表按照美因兹调查委员会的要求对他进行的又一次审讯。结果，卡罗韦永远被拒之于大学之外。对卡罗韦的迫害说明黑格尔在官方的地位已经日渐衰落。接下来，继卡罗韦之后为黑格尔担任助教的亨宁也突遭被捕。在找不出任何罪证的情况下，亨宁被关押了七个星期。1820年8月，黑格尔动身前往德累斯顿，柏林当局对他的行踪十分关切。黑格尔是一个柏林上流人物聚会的社交团体"法外社"的成员。"法外社"的名称吓坏了当局忠实的奴才们，中央调查委员会决定对其进行调查，结果发现柏林警察局局长冯·坎普茨也是其中一员，这才罢手。

这段时间，黑格尔正忙于撰写《法哲学》。该书在 1819 年已经完成，之后一直放在检察官的手中。虽然没有遭到禁止，但也没有得到出版许可。拖了一年之久之后，黑格尔才消除了官僚机构的障碍。在 1820 年 10 月，该书终于出版发行了。黑格尔终于感到如释重负，他分别给阿尔腾施泰因和哈登贝尔等人送去了几本刚出的样书。在给普鲁士王国总理大臣的附函中，他说这部著作的宗旨在于"……证明哲学是同一般国家性质所要求的基本原则相和谐的。直截了当地说，是同普鲁士国家有幸在（国王陛下的）英明政府与阁下的贤能领导之下，已经取得的和将继续取得的一切成就相和谐的，而我本人作为这个国家的一员，为此感到无比光荣"[1]。

该信写于 1820 年秋。在这年夏天，黑格尔的朋友们目睹了他的一次异乎寻常的举动。他让人拿来一瓶香槟酒，说为了庆祝当天的日子而把它干掉。在座的朋友都很纳闷，觉得当天没有什么特别之处，既无人出生，也无人去世，更没有人晋升。从柏林大学到普鲁士王国，这一天都再平常不过。最后黑格尔才向大家郑重宣布："今天是 7 月 14 日，让我们为纪念攻破巴士底狱而干杯。"这位为普鲁士君主服务的哲学家，竟然不忘每年为纪念法国大革命而干杯。

在《法哲学》一书的序言里，黑格尔说他出版该书的目的是给自己做演讲的听众提供一本能够加深他们理解的入门性讲解。他同时提到，该书的任务并不仅仅限于提供一个提纲或汇集整理大家早已熟悉和公认的内容。他说，一种质料转化为另一种质

---

[1] 《黑格尔书信集》第 2 卷，汉堡：梅纳出版社 1953 年版，第 242 页。

料，其转化方式必须是哲学的和思辨的。唯有如此，才能将哲学从其所处的困境中拯救出来。因此，需要掌握一种科学方法，让作品在整体和局部构成上都能体现逻辑精神的基础。其任务在于克服这样的错误认识：在伦理问题和国家事务的问题上，凡属于人们发自内心和真诚地首肯的东西，都是真实的。

大摆哲学家架子的弗里斯关于该论题的看法，让黑格尔特别不满。他引述了在瓦特堡大会上的发言，称反对把国家即理性数千年的劳动结晶变成"心灵、友谊和热情的大杂烩"[1]，反对将伦理世界让位于各行其是的主观偶然性。政府最终会对此加以关注，因为哲学毕竟不是私事，而是"公共的……存在，主要是或者仅仅是为国家服务的"[2]。因此，所谓哲学稍微与现实相碰撞就一败涂地的看法，真是一件快事。黑格尔这样说的目的是暗讽弗里斯和他的同僚的命运——他们都被解职了。

这样的话读起来让人愤慨。但更让人愤慨的是序言中的著名警句："凡是合理的就是现实的；凡是现实的就是合理的。"[3] 这句话被理解为、同时也被误解为替当时的普鲁士王国和现存的社会关系做辩护。不可否认，这句话包含着这样的辩护，但却不止于此，甚至可以有相反的理解。就连黑格尔本人也发现这句格言意思含混不清，所以在1327年写的《哲学全书导言》中进一步做了阐明，指出唯独上帝才是真正现实的，现存的事物不过是现实的一部分。平日里，人们总是把一时的兴致、错误，甚至邪恶等

---

① 格罗克纳本：《黑格尔全豪》第7卷，斯图加特：弗罗曼出版社1952年版，第27页。

② 格罗克纳本：《黑格尔全集》第7卷，斯图加特：弗罗曼出版社1952年版，第29页。

③ 格罗克纳本：《黑格尔全集》第7卷，斯图加特：弗罗曼出版社1952年版，第33页。

称作现实，但这样的偶然存在是不配具有现实这一强大的名称的。

通观《法哲学》一书，黑格尔的这一思想未免让人觉得保守。他要求人们在瞬时多变的假象背后，看到永久的实体和眼前存在的永恒性。把一切看作虚幻，而独断专制，自己说了算，本身就是虚幻。把现存之物当作理性加以理解，把具体的人看作时代的产儿，把哲学看作时代在思想中的体现，这就是哲学的任务。认为哲学能够超越所处的世界的界限的观点是愚蠢的，如同按照世界应有的模式建立一个世界的幼稚想法一样。因为那样的世界只存在于创建者的想象中。按照世界应有的样子解释世界，哲学总会落后，因为就世界的想法而言，它总是在世界形成之后才有的。这样哲学就会把世界描绘得灰蒙蒙的，生活也变得老化了。哲学不能让世界返老还童，而只能对其进行理解和描述。密涅瓦的猫头鹰总是在黄昏时分才开始起飞。

因此，法学力图把国家作为具体的、合乎理性的实体来加以理解。它不会根据国家应有的样子去理解国家，它的任务就是研究如何认识国家这个伦理宇宙。

黑格尔的《法哲学》包括三部分：抽象法、道德及伦理。在黑格尔看来，道德和伦理是两个内容各不相同的概念。道德特指个体态度和意愿的主观性，而伦理则体现人类共同的有机体形式：家庭、社会和国家。在这些机体中，精神被看作某种客观的、自由的东西。"不管个体怎样，客观的伦理都同样起作用，只有这种伦理性才是永存的东西，才是支配个体生命的力量。"①伦理代表永恒的正义，违抗它的人面临的是一场危险的游戏。

---

① 格罗克纳本：《黑格尔全集》第7卷，斯图加特：弗罗曼出版社1952年版，第227页。

事实上，黑格尔把他看到的具有现存形式的伦理看作普遍有效的、永恒的伦理。让人不解的是，他轻描淡写地抹杀掉了不符合自己模式的部分。比如，当家庭作为一种把个别的人变为一体的制度时，才让他感到有兴趣。婚姻属于个人的伦理义务，可以将两人特殊的癖好作为主观出发点，但这并非是最为重要的。同浪漫派观点截然对立的是，婚姻不应当因双方之间产生的情欲而遭到破坏。浪漫派认为，婚姻是一种完全可以抛弃的仪式，因为最为本质的东西是双方之间的爱情。弗里德里希·施莱格尔在《柳辛德》中的观点，黑格尔认为是"一个诱奸者所惯用的立论。关于夫妇关系，值得注意的是：女子委身事人，牺牲了自己的贞操，而男子则不然，除家庭之外，他的伦理活动还有另外一个领域。女子的使命基本上仅在于婚姻关系中……"① 虽然妇女可以接受教育，但出于普遍性的要求，她们天生不能从事较为高级的科学活动和艺术创作。如果让妇女当政，国家就会陷入危险当中，因为她们会听从偶然的东西，而不按照事物普遍性的要求来做事。

《法哲学》内容最为丰富的是"公民社会"部分。黑格尔用"公民社会"一词来指称以个人经济利益为基础的社会制度。在这种社会制度中，每个人都以个人为目的，而不关注其他人。然而，这一目的只有在别人的福利得到满足时才能够得以满足。在黑格尔看来，这一社会是新时代的产物，即资产阶级的社会。不过，他所说的"公民社会"一词具有双关意义。在德语中，表示"公民社会"的"Bürgerliche Gesellschaft"一词中的"Bürger"既有"公民"的意思，也有"资产阶级"的意思。

---

① 格罗克纳本：《黑格尔全集》第7卷，斯图加特：弗罗曼出版社1952年版，第245页。

公民社会以各种需要为基础。动物有它们的本能，但满足它们本能的手段是有限的。有的昆虫只能依靠一株植物来生存；另外一些动物有更为广阔的活动范围，但人类的活动范围是无处不在的。人类在自己的生存环境中很少能找到直接有用的原料，而是通过劳动来获得满足。这多多少少类似于星球体系，因为对于二者，眼睛一开始看到的都是不合规律的运动，然而，在这些运动的背后，都隐藏着一定的规律。政治经济学，或黑格尔所称的国家经济学，就是研究这些规律的。

黑格尔将劳动看作社会关系来研究。他说，劳动的一般内容不是由个别生产出来的产品来决定，而是由劳动工具来决定的。他还说，劳动分工造成了工序的简单化，这使得机器的使用成为可能。而工业生产和机器生产则是促成现代社会神精萎缩的其中因素之一。

在黑格尔看来，每个个人的特殊前提决定了参与普遍劳动过程的可能性。这种特殊前提指直接特有的资本基础或劳动技能。黑格尔将社会划分为等级的思想已经非常接近于对阶级的认识了。人们天生的不平等通过公民社会（或者说资产阶级的社会）扩大为技能、智力、道德等方面的不平等。黑格尔认为平等的要求实属空谈。他同时认为，法庭是保护私有财产的。

"法"反映了不同社会时期的社会状况。如果社会状况稳定，对于违法者就会宽大处理。如果社会状况动荡，就会对违法者处以重刑，达到杀一儆百的目的。因此，同一部法典并不一定适合于各个时期。

黑格尔为警察在公民社会中指定了广泛的职责。很显然，他夸大了警察的作用。他说，"警察进行监督和预防，目的在于使个人获得达到个人目的的一般可能性。他们有责任管理照明、桥梁建设、日用必需品的评价以及卫生等事业"①。

黑格尔认为，工业和人口的增长只能加剧而不能解决社会矛盾。社会再富有，也解决不了贫困问题。这样的辩证法使得公民社会超越了自己的界限，对外实行殖民统治，对内实施公司化经营。这样一来，伦理运到了最后一个阶段：国家。

国家被黑格尔颂扬为伦理观念的现实，具体自由的现实和本身具有理性的东西，并且黑格尔认为它是必然和永恒的。当然，黑格尔也认为会有腐败的国家："国家……既存在于世界上，所以在虐政、灾害、差错等方面，恶行便可以从多方面来破坏它。但是，最可憎的人、罪犯、病患者和残废者毕竟还是一个活人；肯定方面即生命虽有不足之处，仍然存在着，而这里值得关心的就是这个肯定方面。"② 在各种不同的国家类型中，黑格尔拥护统治者的个人意志对国家命运影响程度最低的那种。虽说如此，君主立宪制和民主共和制相比，他更赞赏前者。

《法哲学》的出版引起了截然不同的反应。阿尔腾施泰因表示祝贺，他说："……我们认为，您使哲学具备了对待现实的唯一正确的态度，因此您一定能够使您的听众不致染上那种有害的狂妄心理。那些狂妄之徒对于现存事物毫无认识，竟一概弃之不顾；特别是在有关国家方面，他们满足于随心所欲地鼓吹空洞的理想。"③

持反对态度的人则毫不掩饰地对这部著作表示愤慨。弗里斯

---

① 格罗克纳本：《黑格尔全集》第7卷，斯图加特：弗罗曼出版社1952年版，第313～314页。

② 格罗克纳本：《黑格尔全集》第7卷，斯图加特：弗罗曼出版社1952年版，第336页。

③ 《黑格尔书信集》第2卷，汉堡：梅纳出版社1953年版，第287页。

被该书的前言部分所触怒。他以非书面的形式回应如下："……黑格尔的哲学毒菌不是长在科学的花园里，而是长在阿谀奉承的粪堆上。到 1813 年为止，他的哲学先是吹捧法国人，后来为符腾堡王室服务，而今则拜倒在坎普茨爵士的皮鞭之下……对于这个托庇于狱吏的预言家，不值得以科学的严肃性为武器。"① 然而，在哈勒的《文学汇报》上，有一篇评价《法哲学》的匿名文章，结尾是这样的："就我们所知，弗里斯先生运气不佳，作者对他的态度无异于嘲弄和存心折磨一个本来已经屈服的人。这样一种行为并不高尚，评论者仍愿隐姓埋名，而让有心的读者来自己判断。"②

黑格尔看后怒不可遏，他把评论文章中自认为带有侮辱性的段落抄了下来，送到文教部，要求保护他不再受到类似的讥讽。他愤慨地说，一位普鲁士的官员竟然在一家普鲁士国家出版的报刊上受到如此强烈的攻讦，让人难以接受。可以看出，出版的过于自由会产生怎样的后果。

虽然黑格尔要求对报界采取压制的措施，但文教部并没有就此做出决定。阿尔腾施泰因给哈勒的文学报编辑部指示，以后应当严格审阅要发表的评论文章。与此同时，他答应黑格尔，他可以通过法庭要求赔偿，或者在报纸上向读者进行辩解，结果均遭到黑格尔的拒绝。

黑格尔的声望不断提升。与此同时，他的对手虽然人数不多，但队伍也在不断壮大。1820 年年初，哲学博士阿瑟·叔本华走访了哲学系，说他有意从事教学。虽然叔本华的主要作品《作为意

---

① E.L.T. 亨克：《雅各布·弗里德里希·弗里斯及其遗稿》，柏林 1937 年版，第 224 页。

② 卡尔·罗森克兰茨：《黑格尔传》，柏林 1844 年版，第 336 页。

志和表象的世界》一年之前就已出版，但在这里几乎没有人认识他。

叔本华将他的狂怒发泄在他的对手们身上。他称费希特和谢林是吹牛大王，说黑格尔是江湖骗子。他说，"整个说来，黑格尔的哲学有四分之三是胡说八道，有四分之一是陈词滥调。为了蒙蔽人，最有效的办法就是给他们讲一些他们明知自己不懂的东西；因为他们，特别是那些生性坦白的德国人，马上就会以为这些东西只有他们才能懂，虽然还会掩饰他们的无知，为此最妥当的办法就是跟着起哄，一齐赞颂自己不懂的智慧，而那种智慧则正因此越来越具有权威性，越来越使人敬服，越来越使那个认真相信自己的知性、独出心裁下判断的人有更大的勇气和信心，把事物解释成荒唐的胡说八道。黑格尔哲学中间，最明确的东西莫过于它的这个意图，即通过奴颜婢膝和正统观念以博取王侯们的好感。这个意图的明确性和讲义的不明确性形成极其鲜明的对照，而且仿佛从鸡蛋里跳出一个小丑，夸夸其谈，胡说一气，临了出现了中学四年级早已熟悉的老太婆哲学，就是所谓圣父、圣子和圣灵，新教的正确性和天主教的谬误性等"①。

1820年3月23日，叔本华开始在柏林执教，当天黑格尔就和他会面了。从叔本华的学生贝尔执笔为其所做的一篇记录当中，可以看到他和黑格尔之间的舌战情况。这场舌战是关于动物行为的有意识和无意识问题。记录中写道："黑格尔提出……这个问题：如果一匹马躺在街上，那么动机是什么呢？叔本华回答：马身下的土地，加上马的疲劳，马的一种心情。假如马站在悬崖边，它就不会躺下去。黑格尔反驳道：您是把动物性官能也算作动机喽？那么，心脏的跳动，血液的循环等，也是由于动机

---

① R. 施泰纳本：《叔本华全集》第12卷，斯图加特和柏林版，第292～293页。

而产生的吗？叔本华对此不得不教导黑格尔：人们并不把动物器官的无意识动作，而是把动物身体的有意识运动称作动物性官能，他这里采用了哈勒尔的生物学用语。黑格尔仍然大大咧咧，不愿意争个水落石出。这时，阿尔滕施泰因用这样几句话插断了他们的谈话：'对不起，同僚先生，如果要我在这里进行仲裁的话，我只好同意博士先生的说法，我们的科学无疑是把目前争论的官能称作动物性官能的。'这场论争就此告一结束。"①

这篇记录显然并不准确。黑格尔就此次争论所做的记录，今天依旧可以看到。在他的记录当中并没有"动物性官能"一词，提的较多的倒是叔本华的记录中没有提及的"刺激"一词。不管事实如何，黑格尔还是在大学任教议定书上签了字，结果让叔本华有些飘飘然。在他俩的这场争论之前，自负的叔本华向院长提出了一个条件，说他要和黑格尔在同一时间开课。院长并没有反对，但结果让叔本华很尴尬，因为没有一个人上他的课。叔本华在柏林大学担任讲师的 24 个学期中，开课时间只有半年，而且没有一次是满座的。很难找到一个愿意听他的课的学生。在他的课堂上，经常只有一两个，最多只有三个学生。因为人数太少，讲座只好撤销。这并不是说没有人比黑格尔更厉害。有一个人很厉害，他就是施莱尔马赫的学生海因里希·里特尔。他经常和黑格尔同时开课，他的学生就非常多。叔本华之所以失败，是因为在他的那个时代，还没有人成熟到能够接受他的悲观主义思想。当时的德国公民依旧相信国家会进步，未来会有希望。

叔本华的《作为意志和表象的世界》一书，并没有引起大家

---

① 约翰内斯·霍夫迈斯特本：《黑格尔柏林时期的著作》，汉堡：梅纳出版社1956年版，第 589 页。

过热的关注。在为数不多的评论中，有一篇是爱德华·贝内克写的。他是叔本华在柏林大学的同事，是一位编外讲师。贝内克的这篇评论发表在《耶拿文学汇报》上，笔调虽然含蓄，但内容富有批判性。文章首先承认了作者的才华，但对作者破口大骂康德以后的哲学之举颇为不满。看到这篇评论之后，叔本华怒不可遏，给编辑部写了一封言辞激烈的信，结果给退了回来。后来，他自己掏钱，在一家报纸的广告栏中发表了对这篇评论言辞激烈的反驳，称这篇评论是一派胡言，让人厌恶。于是他把贝内克看成了自己的死敌。

令人没有想到的是，叔本华对贝内克的反感竟然和黑格尔一拍即合。让人备受尊敬的黑格尔不以为然地监督这位年轻教师的讲课情况，因为贝内克不久前在讲台上竟然批评了他的哲学思想。这位年轻人热衷于经验心理学，认为它是一切知识的基础。1820 年夏，不到二十二岁的贝内克接到了授课证，这当然违背了黑格尔的意愿。两年之后，他的授课证就被吊销了。贝内克写了一部叫《道德物理学基础》的书，出版之后引起了大家激烈的恐惧。大家认为它宣扬了伊壁鸠鲁主义，所以很容易转向公开的无神论。黑格尔向来不读带有煽动性的书籍，他对贝内克所写的另外一些文章的评价是，如果随便鉴定一下，这些文章都是非常平庸的。虽然没有听过他的课，但黑格尔这样评论他："……他讲授的哲学，我认为还不成熟，还不称职。"[①] 这位年轻人被吊销授课证之后，长期失业，四处流浪。直到 1827 年，他才重返柏林大学，在黑格尔去世之后，获得了一个教授的职位。

---

① 约翰内斯·霍夫迈斯特本：《黑格尔柏林时期的著作》，汉堡：梅纳出版社 1956 年版，第 614 页。

理性和历史

《讲演录》是黑格尔遗著的重要组成部分。该书在黑格尔去世之后出版，是学生们根据听课记录汇编而成的。《讲演录》是《法哲学》的延续，包含了黑格尔哲学体系的最终内容。

1822 年，黑格尔开始做"世界历史哲学演讲"。他总共成功地重复了四次。历史哲学是黑格尔哲学思想体系的重要一环。首先，在他的演讲录中，辩证逻辑、特别是对立统一的思想，得到了进一步的阐释和运用。截至目前，他的这一思想一直令形式思维的追随者恼怒不堪。这里不但有发展的概念，而且还有思想家的政治准则。与此同时，在此领域，"黑格尔……则已经老朽不堪，成了老古董"①。历史过程作为统一的、整个世界的过程，即作为世界历史，直到黑格尔的时代才开始形成。关于过去的认识是支离破碎、拼拼凑凑的。当时，对历史过程本质的发现，以及材料的系统化和对事实的解释，都不是通过研究得来的。所以，黑格尔的哲学与历史的概念中充斥着十分尖锐的矛盾，这并不让

---

① 《列宁全集》中文版第 38 卷，第 351 页。

人感到惊奇。他的思想中天才的预言和让人吃惊的浅见并存，科学的推论和明显的神化创作并存。

历史哲学的任务是探讨社会发展过程中合乎理性和实质性的一些因素。真理是一种体系，而哲学又是关于真理的科学，所以历史哲学必然就会发展成为范畴体系，它体现着人类发展过程中合乎规律的固有关系。

然而，如何才能从个体性转向实质性呢？18 世纪初的时候，维科就认为，人类全部活动的结果会产生和一些人的目的并不相同的东西。换言之，人们的目的和活动结果并不是相一致的。在维科和赫尔德之后，黑格尔使用了"理性的狡狯"这一术语来阐释这一点。他说，神圣的理性在强有力的同时，也是狡狯的。其狡狯就在于"……中介活动，这种活动让各客体按照各自的本性互相影响，互相抵销，它自己并不直接干预这个过程，然而却实现了它的目的"[1]。

活着的个人和民族，在寻求和满足自己目的的同时，也是更高更广泛的事物的工具，而他们对此则浑然不觉。人们的行动构成了人类的历史活动，这些活动和人们的利益息息相关。大家都在追求自己的个人目的，结果却产生了别的后果，虽然这种后果是他的行动造成的，但却在意料之外。譬如，一个人为了报仇雪恨，放火烧了邻居家的房子，但同时却引起了一场毁灭全城的火灾。这样的后果并非出于这个人原来的意图。在世界历史上，类似的情形屡见不鲜。通过对历史上的理性进行探索和分析，就可以发现历史的规律性。

---

① 格罗克纳本：《黑格尔全集》第 8 卷，斯图加特：弗罗曼出版社 1955 年版，第420 页。

所以，和莱辛、赫尔德及其他德国启蒙者们相比，黑格尔比他们更能理解社会发展的辩证法。然而，黑格尔在取得这方面的成就的同时，却丢掉了这些先驱们取得的成果。例如，在赫尔德看来，人类的历史是自然界历史的继续。可黑格尔却把自然和人类社会对立了起来，认为只有社会才有发展过程。他认为，历史是人类的理性从可能变为现实时才开始的，而且其决定性的标志是国家。所以，他认为历史的研究对象不包括人类的原始状态。他同时认为，语言的传播和种族的形成都不属于历史研究的对象。在他看来，国家雏形的出现是历史研究的开端。

黑格尔把国家奉为圭臬。这显然不如赫尔德有道理。赫尔德认为，国家是由暴力产生，并注定要消亡。黑格尔把国家视为理念的现实，是一种目的，是人类自由的实现物。他认为国家是"……世界历史更确切的对象……"[1]

历史是凭借着必然性向前发展的。可是，历史必然性的学说并没有让黑格尔得出宿命论的结论。与此相反，"能动性"问题在他的历史哲学中得到了发展，这一点可以在马克思的《关于费尔巴哈的提纲》中有所提及。在他的这部著作里，最为打动人的就是对人的能动性的探讨。他说，"……这样，我们一般不得不说，要是没有热情，世界上任何伟大事业都不会取得成功"[2]。这表明，黑格尔并没有把历史看作是一个自动过程。人并非是历史的傀儡。即使是国家，虽说黑格尔认为它是作为一种普遍的东西而存在，但它只能出现在个人的意志和活动中。

---

[1]　约翰内斯·霍夫迈斯特本：《黑格尔历史哲学讲演录》第1卷，柏林：科学院出版社，1970年版，第115页。

[2]　约翰内斯·霍夫迈斯特本：《黑格尔历史哲学讲演录》第1卷，柏林：科学院出版社，1970年版，第85页。

　　与此同时，作为伟大的唯心论者，黑格尔也并没有把历史人物理想化。表面上看，似乎伟人和英雄们从自身出发，创作了历史。然而，他们总会受到所处时代的限制，他们的优点在于能够认识到自己所处时代和所处世界的真理。从这个角度讲，这些历史人物是最有见识的。黑格尔认为，伟人是那些个人目的和历史必然性相一致的人。

　　黑格尔嘲笑了那些用主观尺度衡量历史任务的人。这些人把历史人物为其目的而斗争的过程中体现出来的热情和坚韧贬低为功利之心。要理解某位伟人的意义，必须要有宽广的视野才行。小人物的眼里是没有英雄的。其原因并非因为这些英雄不是英雄，而是小人物永远是小人物而已。

　　有时候不免会有这样的情形：某位历史人物在他的人生旅途上会蹂躏一些无辜的花朵，破坏很多东西。但是，对他的衡量不能站在受害者的立场，而是要按照一般性观念，从历史的整体观上对他的活动做出评价。所以，道德规范不适合于评价历史进程，人类历史的发展的道路也不是善良和幸运来铺就的。

　　在黑格尔看来，绝对理念是经验历史的基础。世界精神由此而发展。他对这个概念做了具体化的阐释。他谈到了一个民族的精神，说这种精神就是法治、宪法、宗教、艺术、科学、技巧和就业方向等共有的特征。他认为，世界历史的进步经常是由某个个别的民族来实现的，该民族的精神就是世界精神在某一特定阶段的表现。他说，"一个民族不能经历更多的阶段，不能在世界上两次划时代……因为在精神的过程中它只能承担一种任务"①。

---

　　①　约翰内斯·霍夫迈斯特本：《黑格尔历史哲学讲演录》第1卷，柏林：科学院出版社，1970年版，第180页。

当然，有一些民族，在世界历史中从来都没有成为最高观念的体现者，而是一直都是处于从属地位。

黑格尔认为，世界历史的目的在于对世界精神自我认识的认识。每一个个别的民族都离不开这个目的，它们在本能地要求知道自己是什么。"一个民族青春焕发之日，正是精神依然活跃之时；这时个体渴望保卫祖国，维护其民族的目标……如杲民族精神已经完成它的活动，活泼和兴趣也就没有了；这时民族便生活在从壮年向老年的过渡之中，生活在坐享其成之中……个体就是这样寿终正寝的，各民族也是这样；后者即使还继续活着，那也只是一种索然寡味、死气沉沉的生活……一个政治上无用而又无聊的废物。"① 然而，一旦某个民族退出了它的位置，它所创造出的果实并不会由此而消失。果实会生出种子，但这种种子只是为另一个即将成熟的民族而准备的。

从这个观念出发，黑格尔为社会进步提出了一个非常明确的准则，并按照该准则将历史划分成不同的阶段。从自由意识来说，这是一大进步。随着历史的发展，人类对自由的理解越来越深刻。在东方，人们还不知道精神或者人本来是自由的。他们的不自由在于他们根本不知道真正的自由是什么。他们只知道，一个人是自由的，这样一种自由的结果就是情欲的放纵、行为的粗暴和思想上的麻木。所以，这个自由的人只能是专制的暴君，从本质上讲他也不是自由的人。真正自由的是希腊人，因为他们意识到了自由。然而，他们以及罗马人只知道少数人是自由的，却不知道每一个人都是自由的。所以，希腊人不仅占有奴隶，而且

---

① 约翰内斯·霍夫迈斯特本：《黑格尔历史哲学讲演录》第 1 卷，柏林：科学院出版社，1970 年版，第 68～69 页。

完全靠奴隶来维持自己的生活。只有日耳曼民族通过基督教认识到，人作为人是自由的。他们认为，人最独特的本性是精神的自由。

这并不意味着黑格尔的历史哲学观是以不可重复的个性人格为中心的。这里所讲的人是抽象的、一般的人。从根本上讲，个人是手段，而不是目的。具体讲，个人是国家发展的手段，是普遍理念的手段。世界精神的权力高于一切任何的个别权力。历史从国家的形成开始，然后随理想的国家体制的建立而"完成自身"。

可以看出，黑格尔的体系从两方面是和他的历史辩证法相矛盾的。一方面，任意让人类社会发展的过程和认识发展的过程停留在某一点，并认为这是理想的状态。对此，恩格斯说道："……完美的社会，完美的'国家'是只有在幻想中才能存在的东西……"① 另一方面更为有趣。黑格尔认为，作为思维方法，历史的方法要求在连续发展的过程中去研究社会结构，在这个过程中，旧的规律消失了，随之而来的是新的规律。如果这样，就不可能找到一个统一的概念体系来解释发展着的整体。任何一个范畴，归根到底是一个把现实简单化，并且让发展过程中断的模式。然而，如果采取一系列在发展过程中相互转化的体系，那就很难用一个统一的尺度来对待现实情况。

黑格尔先通过思维建立一个空洞的体系，再根据这个体系来解释过去和未来。显然，这是害人不浅的。这和马克思的观念是背道而驰的。马克思主义者在做出某种社会预言时，总是考虑到各种各样的可能性，而且常常很难预言哪一种可能性会成为

---

① 《马克思恩格斯全集》中文版第2卷，第308页。

现实。

在历史过程的形成中，偶然性具有非常大的意义。通过辩证法，可以帮助人们区别两种不同的偶然性：一种偶然性是与必然性大致相仿而出现的；另一种则是作为外来之物进入某个过程的，它会对必然性产生严重甚至致命的影响。黑格尔只看到了第一种偶然性，而马克思则将两者都看到了。

在黑格尔看来，历史作为世界历史，是以自成一体的、确定的、具有理性的体系存在的。然而，在马克思看来，世界历史体系并不是随着社会的出现而产生，而是在社会发展到很高的阶段时才形成的。这种体系包含各种可能性，当然也包括产生偶然事件的可能性。

对于黑格尔"凡是现实的就是合理的"这一观点，今天已经不再认同了。然而，问题不止于此。按照唯物主义的观点，规律性和理性是不能混为一谈的。许多按照规律必然出现的社会现象是不能够用人类理性的观点加以解释的。20世纪，就有许多这方面的典型例子。让历史具有理性，这是一项有待我们人类解决的任务，它和共产主义建设异曲同工。

让我们再回到黑格尔的《历史哲学讲演录》一书上来。赫尔德曾将人类比作是始于东方的长途漫游者，其旅途的方向通向西方。这位漫游者在底格里斯河和幼发拉底河休憩之后，又向尼罗河进发，然后穿过地中海海岸，深入欧洲大陆。在黑格尔的著作中，我们也看到了类似的比喻。他的世界精神也在地球上漫游，而且越来越接近自我认识的高度。远古的东方是它的童年时代，罗马是它的成年时代，日耳曼则是它的老年时代，但绝不是衰老退化的老年，而是精力充沛、具有理性的老年，即成熟的成年。

世界历史从东到西是这样演变的：东方太阳初升之后，人们便沉浸于喜悦和惊异之中；接着，阳光高照，周围的事物出现了清晰的轮廓，旅行者开始采取行动，并且创造出了内在的世界和内在的太阳。夕阳西下之际，旅行者凝视着内在的太阳，觉得它比外在的太阳还要高。

在东方世界，个人是没有价值的。在他早期的一篇著作中，黑格尔提到，东方人的性格里有着两种看似矛盾，但又密切相关的特征：一是向往凌驾于万物之上，另一种的俯首帖耳于各种形式的奴役。在《历史哲学讲演录》中，黑格尔首先试图以中国为例来阐述这一点。在中国，人们屈服于家庭的父权和国家具有宗法性质的皇权之下。所以，中国有绝对的平等，但无自由可言。在这个国家，所有私人利益被看成是不合法的，文武百官等级界限森严，而且必须完全听凭皇帝的独裁统治。就道德而言，不是看作臣民应有的情操，而是以皇帝的虐政方式存在，所以根本就没有荣誉与良心。在那里，自由和奴役是没有区别的。君主面前，人人平等，换言之，人们实际上没有权利可言。

在黑格尔看来，印度也是一个静止而僵化的国家体系。和中国相比，黑格尔只看到了一点进步，那就是印度从专制君主的统一中出现了差别，即种姓制度。种姓虽然对专制制度有一定的约束，但因彼此之间的隔绝而变得僵化死板，从而对人们的内在世界产生了一定的影响。和中国人一样，印度人同样注定要过着毫无尊严的奴隶生活。在印度，既无理论，也无正义与信仰。虽然没有一个印度人愿意踩死一只小小的蚂蚁，但他们对最低种姓的人却视之如草芥。他们的君主就在这种僵化的世界里横行霸道。在黑格尔看来，印度文化的重要性被过分夸大了。印度的美即使放在最可爱的形象当中，也只能是一种神经衰弱之美。在敏感的印度人的心灵当中，自由自立的精神早已死去，这种没有理性力量的心灵，只是一场梦幻而已。

和中国与印度僵化的状态截然相反的是，波斯王国开始有了发展的原则，所以波斯人是第一个有历史的民族。当然，黑格尔并没有费时费力地对时期认真进行划分，然后给出解释。他在研究波斯时，也考查了埃及、巴比伦、米太王国和亚述的情况。这些国家比中国和印度更加接近现代的东方专制国家。他在波斯第一次看到了光明，他在善与恶对立统一的原则中看到了这种光明。波斯教、查拉杜斯特拉教的教义就体现出了这种原则。

在研究古代部分的开头，黑格尔写道，一走到希腊人的中间，就有一种宾至如归的感觉。在黑格尔看来，希腊充满快乐，让人神往，它是人类的青春时期。这个世界满是精神的朝气。这一时代由《荷马史诗》中的英雄阿基利所开创，最后由现实中的青年马其顿的亚历山大所终结。希腊人凭借生活的自然条件，在水陆两地生活，他们在陆地上的强大根基，促进了文化的发展与交流，也促进了商业贸易和殖民统治。希腊文化的第一阶段是特洛伊战争时期，这一时期结束了国家和种族的分裂与蒙昧状态。在这一过程中，形成了美的特性，也就是希腊精神的中心。希腊人的全部生活都渗透着艺术精神，充满着美的气质，但他们的美还算不上真。在这里，实行的是真正的民主，所以国家不再具有宗法性质。他们的民主合乎伦理，贯穿着为祖国而生的理念。在民主制度里，强者便会有远大的前途。黑格尔曾经把奴隶制描述成美丽的雅典民主得以存在的必要条件。

接下来的罗马历史，是人类的成年时期。此时，作为文化有机体的自由个性和淳朴的伦理已经不复存在。但是，人类自由的形式基础逐渐形成。黑格尔认为，这一基础是建立在私有财产之上的。这时的国家带有贵族的性质，而且是为了实现自我目的。

对于古罗马的艺术和宗教而言，它们都是以知性和节制而闻名的。人格抽象的一面，也就是法学意义上的权利，在古罗马人身上得到了发展，这也是他们给予后世的一大礼物，让他们不至于成为贫瘠的知性的牺牲品。结果，为了后世所享有的自由，古罗马人自己变成了牺牲品。

黑格尔回顾了罗马共和国兴起、繁荣和衰亡的历史过程。它的衰亡不是偶然的，也不是丧失在恺撒的手中，而是被必然性把它毁灭掉了。罗马的原则建立在了武力与暴力之上，所以共和国也是自己毁掉了自己。对于这一点，恺撒自己是明白的。布鲁图和卡西阿通过一个"显著的错误"杀死了恺撒。他们认为，恺撒的统治只是偶然的，只要除掉他，共和国就会继续存在下去。但结果证明，罗马只能够由一个人来统治，这让罗马人相信了君主政体原则。黑格尔强调，假如历史变革重复发生，就会让人们得到认可。起初看起来是偶然的东西，经过这种重复，就变成了现实的、被大家承认的事实。

和罗马共和国一样，罗马帝国最终也分崩瓦解。个人对于皇帝而言，只是一群无权的平民。追逐私利、贪欲和恶行的势力纷纷出现。整体成了一种没有实质的躯壳。罗马世界于是陷入了被上帝抛弃的痛苦当中，但这又为更高的精神世界铺垫了道路。在这里，黑格尔想到了基督教的产生。君士坦丁大帝让基督教变成了罗马国教，但这一举措并未能够挽救这个帝国。最终，在日耳曼人的入侵之下灭亡了。

日耳曼人涌入了罗马，征服了这个衰老的文明国度。这时，因为接触到了当地的文化、宗教和国家制度，他们才开始了发展。日耳曼人承认基督教并成了基督教教义的体现者。数百年之后，又逐渐出现了个别的民族及君主国家。日耳曼人由于基督教而分裂成了两个部分：一部分为具有虔诚的信仰者；另一部分是崇尚智力和意志的蛮者。由于皈依宗教，那些不合理的、粗糙的、卑鄙的东西得到了肯定和认可。然而，精神只有在这种异化的过程中，才能作最终的和解。

对于十字军远征，黑格尔从动机的角度给予了解释，即基督徒们想把主的陵墓据为教会所有。拜倒在救世主墓前热情祈祷的时候，那些基督徒们身上还滴着耶路撒冷惨遭杀害的居民们的鲜血。黑格尔在写到天主教会这一暴行的时候，不乏讽刺的口吻。他写道，人们不可能找到基督的遗体，因为他已经复活了。基督徒们找到的只是一座空墓，那不是尘世和永恒的结合，所以他们失去了圣地。十字军远征的目的不在于外在、而在于精神的东西。这次远征，教会在巩固权威的同时，却残害了基督教的精神。

国家权威的发展摧毁了封建关系。为破坏封建王朝的狭隘思想，出现了一种强大的发明：火药。它是随着人们的需要应运而生的。面对火药，坚固的堡垒、盔甲等武器已经没有价值可言。社会的等级也随之被削平了。骑士制度、尚武精神一去不返。随之而来的是更为高尚、更有理性、更为稳健的勇气。它和个人恩仇毫无干系。现在的矛头指向了抽象的敌人，那是一种普遍的东西。

对人类来说，精神的天空日渐明朗。印刷术的发明、拜占庭压迫之下的希腊学者的逃亡、美洲的发现等，标志着划破中世纪黑夜的一线曙光。不过，真正的阳光是随着宗教改革而洒向人间的。

黑格尔认为，宗教改革的特殊意义在于路德恢复了被天主教所歪曲的基督教精神。新教三十年战争期间捍卫了自己的政治生存权利。普鲁士成为他们的避难所。倘若在耶拿时黑格尔对普鲁士及其过去是持否定态度的话，这一点上他的观点则截然相反。在《世界历史哲学讲演录》中论述普鲁士国王腓特烈二世部分，可以看作是为其进行辩护。

然而，这一时期天主教的法国却是不公平的。这个王国人民贫困、道德败坏。只有通过暴力，才能推翻一种垂死的制度。大革命的开头，"所有能思维的人都一齐欢庆这个时代。一种崇高的情感激动着当时的人心，一种热诚震撼着整个世界，仿佛神性和世界如今首次达到了真正的和谐"①。当然，我们已经了解了黑格尔对法国大革命各个阶段及以后所发生的事件的态度。他给出的结论是：没有宗教改革，就没有真正的革命，但在进行过宗教改革的地方，就没有必要再进行革命了。

在《世界历史哲学讲演录》的结束部分，黑格尔谈到普鲁士。马克思这样评价："黑格尔在这点上几乎达到了奴颜婢膝的地步。显然，黑格尔周身都染上了普鲁士官场的那种可怜的妄自尊大的恶习……"② 黑格尔把普鲁士君主国说成是完成了世界精神的理想的国家制度。值得一提的是，黑格尔认为普鲁士是一个资产阶级君主国，这是一个当时还不存在的国家制度。换言之，他颂扬了普鲁士还未成为现实的东西。他说，"各种封建义务被废除了，财产和人身自由的原则被当作基本原则。每个公民都可以参与国家公职，当然要以才能和效用为必要条件。政府掌握在

---

① 格奥尔格·拉松本：《黑格尔历史哲学讲演录》第 4 卷，柏林：科学院出版社 1970 年版，第 926 页。

② 《马克思恩格斯全集》中文版第 1 卷，第 401 页。

官僚手中，而君主的个人决定则至高无上……"① 显然，黑格尔把他希望的东西看作现实的东西，想在自己的国家看到资产阶级原则和专制主义的结合。

世界精神走过幅员辽阔的亚洲，然后在奥林匹斯山顶和希腊诸神举行了宴饮，接着引领历代罗马皇帝、十字军骑士及无裤党军队进行战斗，最后在柏林落了脚。它就像一位年迈的等待养老金过日子的官僚一样在这里安息了下来。黑格尔原本想把世界历史过程作为一个统一的整体加以考量，结果他的这种雄心变成了为周围现实作辩解的可笑的企图而已。

---

① 格奥尔格·拉松本：《黑格尔历史哲学讲演录》第 4 卷，科学院出版社 1970 年版，第 937 页。

美的领域

绝对理念在穿过世界历史的迷宫之后，结束了漫长的游历，上升为光和理性，离开了客观精神的领域，进入了绝对精神。黑格尔哲学体系中的绝对精神，包括我们所称的一切社会意识，或者说，它包括社会意识所包含的三种形式：艺术、哲学和宗教。

黑格尔的美学属于艺术理论。根据他的观点，自然是一个已经完成的阶段，为了顾全模式，他拒绝研究自然美学。黑格尔认为，既然精神超过自然，那么艺术美就超过自然美。

亚历山大·冯·洪堡曾讲过一件让大家非常惊愕的逸事，说黑格尔曾经断言最平庸的柏林人的才智，从精神产品的角度来讲都是胜过太阳的。自然科学家是绝不会这么认为的。在黑格尔的《美学》中，可以找到如下观点："从内容来说，一个错误念头倒可以偶然、匆促地消失，太阳则是作为绝对必然的要素而出现的。但究其本质而言，像太阳这样的自然物，对它本身是无足轻重的，其自身是不自由的，没有意识的……如果我们一般地说，精神及艺术美更高于自然美，那么这句话说了等于没说，因为更高是一个完全不确定的措辞……但是，精神及其艺术美比自然更高，并不是一个仅仅具有相对意义的说法，而是说精神才是真实的、包摄一切于自身的东西，所以一切美只有在涉及这较高境界，而且由这种较高境界产生出来，才是真正美的。"① 在他看来，自然美只是精神美的反映而已。个别的生动的自然之物转瞬即逝，其外观变化无常，但艺术品则是永恒的。

唯物主义者尼·加·车尔尼雪夫斯基断言自然美高于艺术美，并以此来反驳黑格尔。他认为，艺术品是转瞬即逝的，因为它们是无生命的，而且静止不动，所以低于自然和生活作品。

在今天看来，这场争论未免显得有些矫情。在辩证唯物主义者看来，他们的任务并非是保卫自然，不让它受到唯心主义者的攻击，而是在人和社会生活中找到物质基础。意识形成过程中，起着决定性作用的并不是自然本身，而是人对自然的变革。因此，包括艺术和美在内的整个精神生活，是人的物质活动的成果。

不管其前提有多么错误，黑格尔的美学充满了行动的热情。这正是它的价值所在。而且，正是在这一点上，它接近辩证唯物主义哲学观。黑格尔认为，"自然物质只是直接的、暂时的，而人作为精神则不止如此，因为他首先作为自然物而存在，接着同样又独自存在，关照自身，表现自身……人从两个方面获得这种自我意识：首先从理论上……其次，人通过实践活动而独立……人通过变革外在之物实现了这个目的，他给这些外在物打下了自己心灵的印记，并在其中重新发现自己的预定目的。人做到这一点，才能作为自由的主体使外在世界解除呆板的隔膜，并把事物

---

① 黑格尔：《美学》，柏林：建设出版社 1955 年版，第 50 页。

的形态仅仅作为自身的一种外在现实加以享受"①。他的这一段话事实上已经阐明了艺术创作理论的基本观点。

黑格尔继赫尔德之后，把美说成是真理的感性形式，说成是理念的感性体现。艺术离不开感性素材，艺术品是感性和理想的中介物。感性在艺术中精神化，精神在艺术中体现出感性的形式。

黑格尔的"美是真理的感性显现"这一定义，起码引起了一场根本性的异议。真理是认识对象与认识之间的符合。按照黑格尔的说法，艺术是绝对理念自我认识的一个阶段。不可否认，文学也能够让人获得知识，但散文和诗歌与科学文献是完全不同的，起决定作用的是审美经验。认识功能在艺术当中固然起着不可忽视的作用，但是，艺术还有其他一些功能，如交流功能、教育功能、娱乐功能等。然而，这些功能没有一个能表达艺术创造性的特点。这一特点仅仅存在于审美经验当中。给审美经验下一个定义是非常难的事情，但可以把它描述成一种特殊的快感，这种快感和人类自由创造及在创造中感觉到的快乐相联系起来的。

黑格尔的美学让人称道的地方在于他能够全面地观察问题。在黑格尔看来，美属于最一般的美学范畴，它在美学中的作用就相当于"有"这一范畴在逻辑学中的作用一样。对于艺术品，只有在它具有美的特点时，才能够称为艺术作品。没有美，就无艺术可言。这并不等于说艺术家只是关注生活美和自然美。譬如，在画家的笔下，一位美少年可能被画得奇丑无比，于是表现出了和美毫无关联的丑的形象。然而，假如这位艺术家的目的是为了表现坏与恶的特征，而技术娴熟地把人的身体和面貌中的变态与

---

① 黑格尔：《美学》，柏林：建设出版社 1955 年版，第 75 页。

畸形表现了出来，那么，这件艺术品也是一种美。

在黑格尔的逻辑学里，他展示了一个概念体系，该体系是按照由抽象上升到具体的原则建立起来的。而在美学当中，历史的原则主导了逻辑和历史的体系化过程。在黑格尔看来，各种艺术阶段、艺术品种和艺术门类的更迭都是按照最初范畴的具体化过程按顺序发生的。他给自己提出了这样的任务："通过它在其实现过程中所经历的所有阶段，来探索美和艺术的基本概念，并借助思维使这一概念变得可以理解，同时证明它可以理解。"①

在此，基本的三分法就表现为象征主义、古典主义和浪漫主义三种艺术形式。黑格尔提出的评价标准是艺术内容及其形态之间的相互关系。象征主义艺术中，内容还没有适当的形式；古典主义艺术中，内容和形式二者和谐统一；浪漫主义艺术中，二者的统一又被破坏掉了，形式被内容所冲破。这三种艺术形式分别盛行的范围各不相同。象征主义盛行于东方，古典主义盛行于古代，而浪漫主义则盛行于基督教流行的欧洲。然而，真正的艺术作品只有在古典时代才能按其本质表现出来。黑格尔认为，此前的艺术作品只能算作前期艺术。在他看来，浪漫主义艺术代表着艺术的崩溃与没落，这时的思维和反思活动超过了艺术的创造，使艺术创作让位于另外的精神活动。黑格尔认为，他所处的时代不利于艺术。往昔在艺术中寻找并只有在艺术中找到满足的情况已经得不到保证。

象征主义艺术形式的第一个阶段是对象征手法不自觉的应用。在此，黑格尔还分析了神话意识。他是这样描述这一阶段的情况的："……确切地说，内在和外在之间，意义和形象之间并

---

① 黑格尔：《美学》，柏林：建设出版社1955年版，第1105页。

无差别可言，因为内在还没有独自作为意义而与其存在着的直接现实相分离。"① 他的这一结论是有思辨性的。因为就当时而言，对神话的研究才刚刚开始，人们对神话最古老的形式还不了解。然而，黑格尔却抓住了问题的要点，即人是不能和自己周围的环境相脱离的。这一结论后来得到了科学的证实。最古老的艺术品就是那些岩窟壁画，那些非常精确、富于表情的动物画像。旧石器时代的作品要求艺术对象和所模拟的内容完全一致。后来，画风发生了极大的变化。到了新石器时代，绘画演变成了神秘符号。这些符号的意义至今也无法理解。换言之，意义和形象已经完全脱节。当时，黑格尔并不知道原始社会遗留下来的艺术作品，直到他后来去埃及时才发现了这种艺术品的物证。在这些物证当中，斯芬克斯就是最为突出的形象，它似乎就是象征主义的象征。

古希腊神话中，斯芬克斯向埃底巴斯提出了这样一个问题：什么东西早上四只脚，中午两只脚，晚上三只脚？埃底巴斯很快就想出了答案。他说，这就是人，然后把斯芬克斯推到了悬崖底下。黑格尔总结说，该谜的谜底在于精神，让人类认识自己。意识之光让具体的内容透过形式而凸显出来。从象征手法出发，黑格尔进而分析了"崇高"的范畴。

我们首先了解一下康德对这个问题的看法。这位哥尼斯堡的哲学家认为，崇高的意义产生于人的情感和精神，而不是自然的事物当中。当我们看到体积超出感性尺度的对象时，经常会感到一股精神力量的压力。他认为，无量和无限既然具有无限性，那么就将永远不明白，永远无法用有限的词语表达出来。

---

① 黑格尔：《美学》，柏林：建设出版社 1955 年版，第 330 页。

　　黑格尔想找到崇高的精神内容，但他并不同意将其变成与情感相关的纯粹主观之物。"崇高"表现出了精神的某种客观内容，而这些内容又体现于历史上特定的艺术形式当中，即印度人、波斯人和古犹太人的诗歌当中。象征当中最主要的是形象。形象总是具有一定意义的，虽然有时候它并不能够充分地将该意义表现出来。因此，能够清楚地理解的意义和内容模糊的象征就对立起来了，这样艺术品就成了无从记忆具体化的纯本质的东西。因此，黑格尔认为，神作为万事万物的创造者，是"崇高"的最为成熟的表现者。在这里，造型艺术显得苍白无力，而只有借助于语言和通过想象的诗歌才能描绘出具有神性的图景。

　　后来，象征主义被古希腊的古典艺术所代替，后者的基础是内容与形式的高度和谐。黑格尔说，"只有艺术以如此完善的方式，把理念作为精神个体同体现它的现实直接相联系，以至外在之物首先不再对它所应表现的意义保持独立性，而内在反过来在它为直观而创作的形象中只表现它自身，并且在艺术中肯定地同自身发生关系——只有这样，艺术才体现了它所特有的概念"[1]。

　　在黑格尔看来，希腊艺术就是古典理想的现存之物。希腊人并没有停留在东方的专制主义阶段上。在这样的专制主义阶段，具有伦理和国家的一般实质的人会遭到毁灭。他们也没有达到基督教的欧洲的主观主义阶段。在基督教的欧洲，个性和整体与一般出于相互分离的状态。希腊人的自由被看作是个别与一般的高度和谐，希腊的诗歌和雕塑则是这种和谐的最完美的体现。雕刻被认为是以人体美来表现古典理想的最为恰当的形式。

　　然而，代表古典主义的神像则蕴含着衰颓的开始。它们只是

---

　　[1]　黑格尔：《美学》，柏林：建设出版社 1955 年版，第 311 页。

在石头和古铜中得以体现其存在。希腊诸神神像的拟人化缺少精神上的个性，其规定性也是偶然的。这种有限性与其高尚、尊贵和美相矛盾。只有基督教才实现了真正的整体性，其原因是人的精神在基督教中才又回复到了内在生活的无限性。

在黑格尔看来，不可能也不会存在比古典美更美的东西。可是，却存在着高于直接感性的美的精神现象的东西，尽管说这种形象是由精神本身根据与之相适应的形象创造出来的。这种被提高的美就成了精神美。这样，浪漫主义艺术就代替了古典主义艺术。

浪漫主义艺术将所有内容集中在了精神的内在生活上，而外在形式则处于从属地位。

在浪漫主义艺术中，美所关注的不再是客观形象的理想化，而转向了心灵在其自身当中的内在形象。这时的艺术不再关注外观形式，外观只是保留期原有的样子，它不再被理想化，但比古代的古典艺术更有个性。这样，肖像画之类的艺术形式便应运而生了。

在骑士制度下，当原始的宗教热情世俗化之后，便出现了荣誉、爱以及忠诚的感情。人类从自身和纯人性的世界里获取了这些素材。

骑士制度，还有其内部所产生的高尚的观念、目的等，随着宗教素材而消失殆尽。人们开始追求现在和现实本身，满足于眼前的存在、满足于自身以及人的有限性及个别的事物。于是，人便变成了新的圣者，这样个人性格的描写处在了主导地位。黑格尔以莎士比亚作品中的人物为例阐述了这种现象。在黑格尔看来，历史上只有很少的几位大师，才具有足够的能力来把握真实，原因是个人性格是一个非常丰富的领域，很容易让人陷入浅薄和平庸的境地。

到了浪漫主义发展的最后阶段,对艺术的题材越来越置之不理。技巧越成熟,实质性的因素便消失得越干净。对于塑造对象,越带有神秘与隐晦的东西,精神便越要对其认真对待,恋恋不舍。于是,这一阶段的艺术再无什么奥妙可言,艺术家对于艺术的内容,好像变成了摆弄品。这时,艺术便被宗教所取代。

在《美学》的第三部分,黑格尔用通过分析一系列个别样式和体裁的发展模式,补充了历史发展模式的不足。

艺术起源于建筑。正如雕刻之于古典主义的艺术,绘画、音乐与诗歌之于表现主题内在经验的浪漫主义艺术一样,建筑适应艺术创作发展的象征主义阶段。

更准确一点说,建筑只属于前期艺术。其使命是实用性的、带有非艺术的要求,而它的形式则完全是象征性的,它使外在的自然近似于精神。而纯粹的具有完全古典主义形式的艺术,则始于雕刻。雕刻艺术中,精神的内在体现在感性的形象当中,因此精神性或者物质性在这里都没有能够居于主要地位,这里流行的是古典的平衡。按照赫尔德的观点,雕塑繁荣于希腊时期或者更早。黑格尔认可这一观点。虽说雕塑作品在更早的时期可以找到,但它们还不能算作是真正的雕刻,充其量只是雕刻的早期阶段而已。例如,埃及的雕像就缺乏优美的形象和逼真的表情,毫无精神个性。但是,这并不能归咎于艺术家的无能,而是出于教规和传统方面的原因。而希腊的雕刻则摆脱了艺术家对传统的敬畏之情。他们开始有了真正的创作自由,这样他们既可以把意义的普遍性表现在具体的个别形象当中,又可以把感性提升到表现精神意义的高度上来。

黑格尔认为,艺术的最高原则是普遍性与个别性的统一。这一点在希腊的雕刻艺术中得到了最为充分的体现。雕刻艺术再往下发展便开始走向衰落。到了浪漫主义艺术时期，雕刻艺术便让位于适宜于表现内在经验的绘画、音乐和诗歌。绘画是最为抽象的造型艺术。虽然艺术家以具体事物，如人、环境、风景、建筑等作为艺术表现的对象，但在其作品中，核心不在对象本身，而在于对这些对象进行感知的性格，在于画家的情感。所以，绘画不是对客体肤浅的临摹，而是艺术家内心世界的反映。

绘画刚开始的时候，仅仅是一种不太完善的尝试，想以肖像画为目的而向前发展。这一理解非常有助于理解黑格尔的美学概念。黑格尔不仅在整个艺术发展过程中看到了进步过程，而且在每一种艺术发展形式当中也看到了进步过程。最初，绘画主题仅限于宗教，而且是按照雕像的形式，以建筑规则和笨拙的画技来实现。接下来，所描绘的宗教场面越来越有个性，有了生动的形体美，有了热情和色彩魅力。对于世俗生活，如果不给予像对待宗教主题那样的热情，艺术就不能够表现自然的细节、日常生活及重大的历史事件。拜占庭、意大利和荷兰就是体现绘画的进步和世俗化特征的典型范例。

当然，这样的范例未免有些夸张。事实情况是，黑格尔只熟悉荷兰画及德国画。或许，他只是从文献记载中了解到了拜占庭和意大利的艺术巨匠们。为了表示对典范人物的推崇，他说拉斐尔的彩色画比不上荷兰画。在他看来，绘画形式上进步的最重要的标志是精通渲染和直线表现力，并能复现某一情节的场景。

由于不受空间的限制，绘画胜过了雕刻艺术。在绘画中，空间只是通过画法和色调而暗示出来。客观性也开始变得模糊了。当然，绘画依然要使空间的形式和形象能够被看得清楚。

再接下来的艺术阶段就是音乐。音乐以声音代替了外在形象和直观可见性，将媒介转向了听觉。黑格尔将听觉描述为一种从事思索的、比视觉更富于想象的感觉器官。音乐的表现手段有节奏、和声、曲调等，在声乐和器乐当中，这些因素发生不同的关系。同时，音乐又和诗歌结合，通过它们共同的感性基础声音把二者联系了起来。

在同莱辛的论战中，赫尔德曾经说过，《拉奥孔》的作者并不知道绘画与诗歌的原则性区别。造型艺术所采用的符号是由被塑造的对象决定的。诗歌的表现手段是有限的，就是发出的声音和一些与标志对象没有共性的象征。换言之，绘画效果处于直接的感知，而文学效果则是通过思维与语言实体来体现的。

黑格尔了解这场辩论。他忠告，诗歌应在思维的普遍性和感性的有形性之间找到结合点。然而，他又认为，真正的艺术毕竟是感性而具体的。诗歌以最精神性的方式呈现美的全部属性时，这种精神性同时也成了这一最后艺术领域的一大弱点。因此，黑格尔认为，诗歌是同时使一般艺术走向衰弱的特殊艺术形式。

同时，黑格尔也发现，还有一种艺术形式，即艺术性散文，地位日趋重要。对于长篇小说，黑格尔将其称为近代市民阶级的史诗，而没有像对待其他艺术形式那样做更为详尽的阐述。这当然在情理之中，原因是19世纪和20世纪达到巅峰的美文学的发展，驳斥了他关于艺术没落这一命题。

黑格尔对艺术的兴趣几乎全部倾注到了遥远的古代。在考查史诗时，他如数家珍地阐述了《伊利亚特》和《奥德赛》，而对《尼伯龙根之歌》却没有多少兴趣。在他看来，这部纯日耳曼的作品，虽然有民族特征的内容，但人物过于直线化，就像拙劣的木雕像，无法和荷马精雕细琢的英雄人物相媲美。

从叙事诗向抒情诗的发展，体现了无所不包的生活画卷发展到了主观的内心世界。当时，已经逐渐完备起来的具有生活秩序的时代有利于抒情诗的发展。在这样的时代，诗人才可以不考虑外界，独自待在自己的感情世界里，进行自我反思过程。

诗歌发展的最高形式就是戏剧。戏剧把叙事诗的客观特征和抒情诗的主观特征结合在了一起。戏剧表现了人的行动。在戏剧里，既可以看到诸如意愿和动机在内的主观方面，又可以看到遭受挫折的客观结局。在一般人看来似乎偶然和混乱的地方，剧作家却能够发现理性事物的真相。

在黑格尔看来，戏剧永恒的法则就是情节的统一，即行动的目的和利害关系要与戏剧中行动着的个人相一致。和古代作品相比，现代作品的情节过于松散，但必须要看到构成某一整体的各个环节之间的联系才行。

戏剧诗可以分为三种：悲剧、喜剧和正剧。悲剧的情节就是各种实体力量之间的相互冲突。其冲突的基础是，虽然冲突双方一方否定另外一方，但从自身看是同样有道理的，他们一方损害另外一方，从而陷入罪过，才达到最终的目的。例如，安提戈涅安葬了被视为全城公敌的兄弟，来表达亲属之爱，但她这样做又触犯了法律，成了罪人。悲剧中的冲突是非常必要的。伦理是体现各种不同关系与力量的整体，其中的差别在特定环境里被个别人所把握之后，就必然会转化为对立与冲突。同样必要的还有冲突的悲剧性解决问题，即正义的伸张问题。悲剧的结局会引起恐惧和怜悯，但这种恐惧不是对外力的恐惧，而是对于道德力量的恐惧，不是参与悲惨事故时产生的怜悯，而是出于同情受难者而产生的怜悯。由于自身的行为，悲剧性的灾难降临在主人公身上，他们必须为此负责。当然，这种他们的行为既是合理的，但同时出于冲突又是有罪的。在恐惧和怜悯之上的，则是和解的感情，它是由于看到了贯彻与悲剧结局中的永恒的正义而产生的。

黑格尔想划分出悲剧冲突的历史界限。真正的悲剧情节，要求个体要有自由独立的节操，能为自己的行为与后果负责。东方世界不懂得悲剧，悲剧的故乡在希腊，悲剧的最后一个时代是中世纪末期。现代社会里，每一个人都受现存社会秩序的约束，因而不再有普遍性的激情，个体的目的都带有私人的特殊性格，个别人物再也代表不了社会的各种力量。个体随主观性而行动，而且处于各种偶然关系与偶然条件当中，其行动显得可有可无，其决断也是按照自己的特殊性格而决定的，并非是处于实体性的理由。

黑格尔认为，现代是在悲剧性的对立面，也就是戏剧性上发展起来的。这虽然可以看作是一种解决冲突的方式，但却是极为主观的解决方式。就其本质而言，只能是一种虚假的解决方式，或者说是一种安慰。黑格尔说，"它是……由于自信，而能经受其目的与现实的破灭的主观性的愉悦心情"[1]。

然而，就戏剧性而言，其本质不仅隐藏在个人能力之中，而且还得有客观基础。对于一个才子来说，他能够比常人更快地发现这一基础。如果表现对象并不包含某个内在的矛盾，所产生的喜剧性就会显得肤浅，显得可笑。任何一种对比，不管是内在与外在、本质与现象、目的与手段，都会显得不协调，都会显得可笑。笑的反应既表示意识到了对象的优越性，同时也意识到了其弱点。因此，喜剧是艺术特定的高峰，这一高峰也就意味着艺术开始走下坡路。

黑格尔的美学犹如一座宏伟大厦。虽然这座大厦已经化为废

---

[1] 黑格尔：《美学》，柏林：建设出版社 1955 年版，第 1075 页。

墟，但时至今日，仍因其意图和成就的宏伟让人惊叹不已。弗里德里希·恩格斯劝说康拉德·施米特阅读黑格尔的著作时，特别提到了他的《美学》。他说，"只要您稍微读进去，就会赞叹不已！"① 在《美学》当中，黑格尔关于美的积极性特征，关于该范畴对于艺术普遍意义的见解，他对艺术的历史观，对各种不同艺术形式的产生、发展与衰亡的考察，时至今日仍然富有新意，激发读者的共鸣。《美学》不仅以其系统性与逻辑历史性结构，而且以对包括个别艺术作品、艺术家的作品及全部艺术种类在内的细节所做的细致分析，体现了作者知识的渊博和他对艺术的钟爱。然而，尽管他对法国古典文学、莎士比亚及歌德有着非常深刻的理解，但他的美的理想基本上还停留在古代。和他的辩证法一样，黑格尔的美学也是面向过去，这当然也是符合他的个人模式的。这位思想家，在拼命鼓吹艺术进步的同时，却把这种进步局限在了过去当中。可以看出，黑格尔对绘画、音乐和戏剧的兴趣绝非是书呆子气的，他也并非不懂得他所处的那个时代的新兴艺术，但却无法让他摆脱自己根深蒂固的偏见，即艺术的世纪已经过去，宗教和科学的时代已经降临。虽然黑格尔给艺术宣布了死刑，但这个死刑最终并没有得到执行。

---

① 《马克思恩格斯全集》中文版第38卷，第203页。

上帝已死

　　黑格尔的宗教哲学之所以引起大家的兴趣，首先在于它是黑格尔学说中最为薄弱的一环。说它薄弱的原因是，其哲学体系的链条在这一环上断裂掉了。黑格尔的学生把关注的重点放在了宗教问题上。在他去世之后，这一问题引起了激烈的争论。这场争论的成果就是作为黑格尔主义对立面的费尔巴哈的无神论思想。正如黑格尔的宗教理论必然会代替启蒙时期的朴素无神论意义，这样的结果也是一种必然。

　　数百年来，在反对宗教信仰的思想家看来，宗教是聪明人诱惑和控制愚蠢的人的一种手段。启蒙主义者没有能够让宗教消亡。为了解决这一问题，就得抛弃宗教属于个人私事的观点，把宗教提高到社会风尚的高度来加以研究。黑格尔的宗教哲学的意义正在于此。让人难以置信的是，黑格尔的神学观念竟成了无神论历史上的一个必要性因素。

　　早在《精神现象学》中，黑格尔就写过，把对上帝的信仰看成江湖骗子的戏法是极为愚蠢的。其原因是，宗教必然会产生，而且在社会意识的发展过程中经历种种变化。用历史的态度来看待宗教问题，是黑格尔观念又一重要特点。

同他的先驱者相比，黑格尔在这一领域取得的成果，和在其他哲学领域一样，未免有些浪费精力。事实上，关于上帝的一切逻辑论证，康德已经批判地分析过了，而且还反驳了它们，而黑格尔又努力将它们恢复了过来。

所谓的宇宙论的证据，成了黑格尔和康德之间的论战的开始。该论点基本归纳如下：和世界万物一样，世界本身也应当有其根源，这个根源就是上帝。康德的观点是，如果存在某物，那么也一定存在一个相应的绝对必要的最真实的本体。他写道，在这个宇宙论的证据当中，集中了太多虚妄的原则，思辨的理性只有拿出其"一切辩证技巧"，才有可能将事物说得清楚。在康德看来，"辩证"一词还属于让人的理性在逻辑上狼狈不堪的矛盾领域。康德在宇宙论的证据中发现了许多从逻辑的角度来看非常有争议的地方。比如，他说对普遍性因果依存的判断，可用于感性经验，而不能应用于超感性领域。更不可否认的是，可能存在着无限的偶然因果。认为原因链条会有终结的观点是理性的盲目自满。此外，人们不能将这个论题的判断和生活中实际存在的事实相混淆。人们可以假定一个本体，但不能认为这样的本体必然存在。在《纯粹理性批判》一书当中，就是这样论述的。康德这一理论基础的弱点在于，他把现象的感性世界和"自在之物"的超感性世界给对立起来了。黑格尔则毫不迟疑地利用了他的这个弱点。他说，神绝不是不可认识的"自在之物"，这是因为一切都是可以认识的。康德拒绝超越经验世界的理性判断的做法，就是贬低了理性。黑格尔认为，理性的真正领域不是感性世界，而是能够为精神掌握的世界。这是黑格尔对康德的第一个反驳。

黑格尔的第二个反驳则体现了康德没有理由不惧怕的"辩证

技巧"。黑格尔提出的问题是：怎么可以那样把偶然性和必然性二者对立起来呢？凡是有偶然性的地方，就一定有必然性和实体性，因为它们本身就是偶然性的前提。在黑格尔看来，某一现象的矛盾性绝不是否定其存在的证据。他说，"正是对待事物的这种温情，不让事物发生任何矛盾，即使最肤浅的经验也同最深刻的经验一样，处处都表明这个事物充满了矛盾"①。

接下来，黑格尔谈到了目的论的上帝论据。这是一种物理神学的论据。黑格尔说，整个世界都证明了造物主的智慧。世界上的一切都是井然有序合乎目的的，而且没有丝毫缺陷，维持生命所必需的营养物质、水和空气都是现成的。在这个世界上，相互作用的链条十分复杂，不能不承认它是按照某种理性的计划创造出来的。康德认为，目的论的论据得小心对待才是，因为它最适用于普通知性的论据。他提出的反论据是：自然的合乎目的和和谐性与事物的形式有关，而不涉及其质料、实体，所以物理神学的论据只能证明存在着一个世界的造形者、一个制造现成的质料的大师，而并不能证明存在着一个造物主。

对于康德的这个观点，黑格尔又通过辩证法来反驳。他说：难道形式能够脱离内容来进行观察吗？谈论没有形式的物质简直是废话。目的不能独自存在。在自然当中，既有合乎目的的东西，也有不合乎目的的东西。例如，数以百万计的种子消灭了，它们并没有转化为有生命的东西。一样东西的生命是以另一样东西的死亡为前提的。就连追求高尚目标的人，同样有过无数次不合乎目的的行动。他在创造的同时也在破坏。理性是具有辩证性的。想象世界上的所有细枝末节都得到了思考，未免有些天真可

---

① 格罗克纳本：《黑格尔全集》第 16 卷，斯图加特 1959 年版，第 450 页。

笑。试想，上帝是为了提供瓶塞才创造出了软木树吗？普遍的目的性不能应用于狭隘有限的目的。从性质上说，康德的论据是文不对题的。

第三个上帝的证据是本体论证据。从时间上看，这是最新的证据，是中世纪的经院哲学家安泽尔姆提出来的。其内容是设想上帝是最完善的本体。尚若该本体不具有"有"的属性，就说明它是不完善的，就会让我们陷入自相矛盾当中。设想上帝是最完善的本体意味着该本体已经存在。在这个证据当中，找出形式上的错误很容易："有"不具备任何属性。从特征上来看，被想象的事物和真实的事物之间总有相同之处。康德认为，真实的 100 塔拉，从概念的角度而言，一点都不会比想象中的 100 塔拉更多，二者的区别只是在于是否将其放进了自己的口袋。把二者混为一谈，正是前两个证据的基础，而且会回到这个问题上。

黑格尔则第三次援引了自己《逻辑学》的章节来反驳。他说，关于 100 塔拉的想法根本构不成什么概念，只是一个抽象的想法而已，不过是知性活动的一个结果罢了。真实的概念往往是具体的，是理性的产物。对于概念和"有"之间的关系问题，从辩证范畴的体系可以看出，"有"是出发点，而概念的作用是使逻辑得以完成，它包含"有"在内的一切规定。人们习惯于把概念看成是某种与现实和客体相对立的主观存在。而在唯心主义者黑格尔看来，概念是客观的，有其独立的存在。

康德的观点显然是对的，上帝的存在不可能得到证明。然而，康德所依据的逻辑是形式逻辑。黑格尔把上帝的证据恢复了过来，使问题辩证地深化了。这反过来有利于青年黑格尔派对其宗教哲学发起攻击，也有利于马克思主义克服各种神学思想。

尚若按照本质转化为概念，黑格尔的上帝就是自身发展着的世界，而且人的能动性在其中起着十分重要的作用。就神性的传统观念，黑格尔一直持拒绝态度。在有关上帝的证据的讲义当中，他曾嘲笑那些信奉神的人，说道，"神父布里斯昨天向我谈了敬爱的上帝的伟大！我突发奇想，敬爱的上帝可能管每只麻雀、每只金翅雀、每只虱螨、每只蝶虫，都叫得出它们的名字，正如你们叫得出那些乡下人的名字一样：施米特家的格里格尔、布利森家的彼得、海弗里德家的汉斯等——想想吧！每个蝶虫彼此是如此相似，以至人们可以发誓说，它们都是兄弟姐妹，而敬爱的上帝居然叫得出它们每一个的名字！还是自己想想吧"！[①]

黑格尔关于神的概念的理解，远不止于此。同时，他和斯宾诺莎的泛神论也不一样。按照泛神论的观点，上帝和物质实体是同一的、无限的，也是其自身的原因。斯宾诺莎哲学认为，一切有限都存在于物质实体的一致性当中，实体本身没有具体和丰富的规定性。而黑格尔则坚持精神优先，认为自然是理念的异在方式。泛神论将自然精神化，黑格尔则把自然看作无精神的东西，甚至连自然之美都加以否认。

海因里希·海涅回忆说："一个星光灿烂的美好夜晚，我们两个并肩站在窗前，我一个二十二岁的年轻人……心醉神迷地谈到星星，把它们看作圣者的居处。老师喃喃自语道：'星星，唔！哼！星星不过是天上发亮的疮疤。'我叫喊起来：'看在上帝面上，天上就没有任何福地，可以在死后报答人的德行吗？'但是，他瞪大无神的眼睛盯着我，尖刻地说道：'那么，您还想为了因为照料生病的母亲，没有毒死自己的兄弟，而希望得到一笔赏

---

① 格罗克纳本：《黑格尔全集》第 16 卷，斯图加特 1959 年版，第 493 页。

金吗?'"①

黑格尔关于星空的说法,在海涅的笔下就是一句引文。《哲学全书》中,也有这样的说法:"这种发光的斑疹像人身上的斑疹一样,或者像一群苍蝇,根本不值得惊叹。"②

关于死后报偿的看法,海涅复述了他的老师的观点。黑格尔从来没有提到过人的不朽。灵魂只是精神的幻梦,精神在人的自觉活动中才能苏醒,如杲这种自觉活动停止,那么它又会回到睡梦当中。

对于创世说的教条,黑格尔又是如何看待的呢?对于逻辑理念向其异在和向自然的过渡,是否也可以从创世说的角度来加以理解呢?一方面,答案是肯定的。黑格尔曾在《哲学全书》中问自己,"为什么上帝决心要来创造自然呢?"另一方面,他对自然的创造的解释又没有一个正统的神职人员能够接受。理念的逻辑发展在时间上并不是先于自然。虽然时间范畴出现于自然哲学,但时间中的发展知识在精神的阶段,也就是人和社会的生活当中才得以完成。

关于人类的来源,黑格尔的解释也是模糊的。一方面,他把《圣经》看作诗意的传说;另一方面,他也不接受进化论的观点。他坚决认为,自然界较高的东西并不是从较低的东西发展而来的,没有有机物,没有生命,就没有无机物。按照他的这一说法,岂不是可以没有人,就没有自然?黑格尔也没有将自己的思想贯彻到底。当时,中世纪反抗《圣经》权威的异教徒就提出过

---

① 海因里希·海涅:《著作书信集》第 7 卷,柏林:建设出版社1961~1962 年版,第 126 页。
② 格罗克纳本:《黑格尔全集》第 9 卷,斯图加特:弗罗曼出版社 1958 年版,第118 页。

人类永恒的观点。至于对神秘说和异教徒的话题，前面已经提过。

新教神学采取的是历史的态度，它的任务在于弄清楚新信仰出现的原因。黑格尔也继承了这个传统。他把不断反复出现的宗教教义看作是对神的认识的不断深化的结果。一个个接连出现的宗教，并不是通过外在的标志，而是通过精神联系起来的。在整个宗教的发展过程中，神的形象越来越人化了。同时，这个发展过程是和自由意识的不断深化过程齐头并进的。黑格尔认为这种深化过程就是世界历史的内容所在。

宗教的第一种形式是自然宗教。这种宗教起初是以巫术的形式出现的。当时，人类企图用自己的意志来驾驭自然。由此可以看出，当时就有了认为精神比自然更高的信念。之后，符咒之类的内容也成了巫术行为，使得它变成了祭祀动物和祖宗的偶像崇拜。巫师、祭司就是一种普遍精神力量的感性存在方式。这种原始的宗教变体，在中国的宗教中，中心要素是代表世界整体的一种感性观念，即包含一切的本体"天"。在这种观念里，中央是地，地的中央是中国，在中国的中央，又是作为权力中心的皇帝，他作为天子统治着包括活人和死人在内的王国。在中国人眼里，"天"并不是在地之上、受天帝统治的独立王国，而是包括自然威力在内的一切权威都属于皇帝。在这一王国当中，一切都受到度的制约，人的一举一动都受律法的规定制约。所以，黑格尔把中国人的信仰称之为"度的宗教"。这种宗教的祭祀活动包罗万象，人们的内在世界被外在的礼仪代替掉了。

在印度的婆罗门教中，一元论代替了泛神论性质的君主制。最高的神是梵天，与其说它是单一的神，还不如说它是各种神的集合体。一切源自于它，又复归于它。人的目标就是重新和梵天这个独一无二者合为一体。要实现这一点，就得通过禁欲主义的生活方式，通过自戕，弃绝所有兴趣和嗜好，通过十年的不自然的无为生活。由于印度宗教神人同形同性，完全诗化，所以黑格尔将其称之为"想象的宗教"。

接下来的佛教，是一种"自在"的宗教，它有着最大多数的信徒。佛教中的神是未被规定者，是所有特殊事物的乌有，是无。一切始于无，终于无。但同时，神又被制定为确定的人，是佛，喇嘛，等等。在佛教中，人的终极目标是进入永恒的寂静境界，那里没有意志，也没有智慧。佛教徒与世无争，只和自己相处，与自己抗争。他们的最高目标是达到涅槃，中断一切意识和情欲。

古波斯的"善或光的宗教"是自由宗教的过渡形式。在这种宗教中，已经有了区别和对立的概念。如善与恶、光与暗等。查拉杜斯特拉所建立的古波斯教，其内容就是代表善的光神和代表魔的暗神之间的斗争。

而腓尼基的"痛苦的宗教"则避免了波斯教义的这种二元论观念。该宗教的神性对立存在于自身当中，而不是自身之外。安东尼斯神死而复活，克服了自身之死。在对安东尼斯神的崇拜中，无限的生命以象征的形式表现了出来。当然，他们还没有灵魂不灭的概念。灵魂不灭的思想是从埃及人那里才出现的。埃及人"谜的宗教"在于探索生命死后的秘密，而且把这种秘密作为崇拜对象。世界上没有哪一个地方比埃及那样重视殡葬问题。他们建造的金字塔就是极好的见证。国王和祭司的宫殿早已灰飞烟灭，但他们的坟墓却经受住了时间的考验。

埃及宗教的生死之谜，在具有"精神个性"的宗教中找到了答案。黑格尔认为犹太教、古希腊教和古罗马教都属于具有"精神个性"的宗教。在这里，神是作为从自然当中产生的"自由主观性"出现的。这些宗教首次提出了上帝从无创造整个世界的观念。这一观念就是犹太"崇高的宗教"的一个特征。根据黑格尔的观点，这一观念比所有设想世界与诸神起源于混沌的观念都更为高尚。在此，神并不仅限于是赋形的异物，甚至是先从无创造出这个异物，然后让他成形，后来又根据他的形象创造了人。人因为原罪，所以能认识善与恶。而且人类和神是一样自由的，因为他们拥有知识。

再接下来的"美的宗教"，起源于"最有人性的民族"古希腊。在他们那里，具体的人和其全部，包括其所有的需要、嗜好、情欲、习惯、伦理、政治等，全部体现在诸神身上。自由、精神及美贯穿于希腊人的日常生活。他们所崇拜的，不是顺从于命运，而是享受理想化的一般性与艺术性，以及绵延不绝的生命之诗。

罗马宗教则不同于希腊宗教。他们的诸神实际而严肃，没有理想的美，宗教观念从属于国家。它被称为"实用的宗教"。罗马宗教中，个人为国家的事业而献身。罗马帝国建立之后，皇帝成了世界的主宰，甚至比他们的形式法还高。这样，罗马皇帝就变成了罗马的神。以前各种宗教的幸福与宁静完全被罗马宗教所摧毁，造成了普遍的痛苦。这种痛苦就是作为真理的宗教的基督教产生前的阵痛。

黑格尔把基督教称之为比所有宗教都好的"绝对而完善的宗教"。黑格尔说，在基督教里，最终实现了神和人的和解。宗教为神的自我意识，神与自身相区别，在有限的意识中以自身作为对象，但又与自身绝对地相同一。黑格尔试图解释清楚，为何天主教与基督教的一种错误形式能够统治数百年的时间。在此，又有了一个天启性的概念。年轻的时候，黑格尔曾用僵化一词来描述过所有传统宗教。可是，他现在却认为，天启性是已获真理的偶然形式，是理性肤浅的非理性表现。他说，"自由的法则在其显现中永远有天启性的一面，也有现实性、表面性、偶然性的一面"①。

《圣经》即为天启性的。《圣经》中的奇迹并非为理性而存在。知性试图把这些奇迹解释得很自然，但理性的立场是：宗教、精神性不能通过非精神性、外表性的东西来证实。

到了最后，发展的终点是"真理与自由的宗教"。在此，黑格尔放弃了历史的叙事方式，按照逻辑及概念的方式来阐述。他把圣父、圣子和圣灵三位一体解释为他的哲学体系基础的三段论法。"父国"指神在创造世界之前的存在，为纯理性，属逻辑范畴领域。"子国"指被创造的世界。它不仅指自然，而且还指有限的精神。基督死在这个世界，又在"灵国"复活。"灵国"为"父国"与"子国"的合成之国，是信徒们的精神教区，它是在伦理生活和政治生活统一的原则上在尘世中得到实现的。然而，根据黑格尔的观点，哲学原则又是哲学知识的对象。既然如此，哲学克服信仰了吗？对于这一问题，黑格尔的回答是："哲学受到了这样的责难，说它凌驾于宗教之上，但从事实来看，这个责难是错误的……它只是凌驾于信仰的形式之上，内容还是一样的。"②

黑格尔的《宗教哲学讲演录》一书，包含了一个在当时来说非常宏大的宗教历史大纲。或许是出于模式的原因，漏掉了伊斯

---

① 格罗克纳本：《黑格尔全集》第 16 卷，斯图加特 1959 年版，第 199 页。

② 格罗克纳本：《黑格尔全集》第 16 卷，斯图加特 1959 年版，第 353 页。

兰教。伊斯兰教比"绝对宗教"基督教出现得要晚一些，所以不适合黑格尔的结构。黑格尔也没有把神的"人化"过程在逻辑的角度贯彻到底。但是，他毕竟还是提出了任务以及方法：宗教不能被看作个别人的骗局，要把它作为社会现象从历史的角度进行研究。这是黑格尔的后继者首当其冲要解决的问题。

通向真理之路

黑格尔体系的最后一个阶段是哲学。这一阶段，精神的自我发展达到了"绝对的终点"。他的学说此时达到了高峰，同时也意味着完结。

黑格尔也绝没有把发现"绝对真理"的功绩归于自己或者自己的天才。在他的身上，既看不到骄傲，也看不到浮夸。他把自己的哲学只是看作精神自我认识的漫长道路上的最后阶段。

黑格尔之前，哲学史就有过各种不同的写法。然而，这些写法有两大缺点：一是把相继出现的哲学本系描述为相互矛盾的见解。见解是某种纯主观的东西。黑格尔说认为，在真理面前，见解是相形见绌的。二是把相继出现的哲学体系描述成一堆知识，而非知识的统一、联系与发展。黑格尔把这些哲学史的作者比作"野人"，说他们在听完了一首乐曲的声响之后，领会不到其最重要的部分，即里面的和声。

黑格尔认为，哲学史是思维从内部必然会产生的向前发展的运动。它向世人介绍的不是一些相互矛盾的见解，而是从事理性思维的英雄们。这些英雄一个比一个更加深入地探索事物、自然和精神世界的本质，为后人发掘出更为珍贵的宝藏，即理性认识的宝藏。哲学的历史也就是通向真理的道路。

哲学史所记载的事件及行动，在其内容上并没有包含个别人物的品格。特殊的个人参与愈少，反而会写得愈好。没有特性的思维本身正是这种历史的创造性主体。因此，黑格尔认为，就这一点而言，哲学史和政治史是截然相反的。在政治史当中，行动和事件的主体是具有独特气质、天赋和品格的个人。而在哲学史中，传统就像一根链条一样把我们与过去联系在了一起。然而，传统并非像纹丝不动的石像，而是一股生气勃勃，越汇越大的洪流。

在黑格尔看来，新的哲学学说要求驳倒过去的一切，占有真理，这是理所当然的。使徒保罗曾对安纳尼亚说："瞧着吧！将要抬你出去的人的脚，已经站在门口了。"经验表明，用这句话去描述各种哲学体系，也是恰当的。所以黑格尔说，"瞧着吧！将要把你的哲学驳倒并排挤掉的那种哲学不久就会出现，正如它对于其他哲学并没有姗姗来迟一样"①。只是，黑格尔把他自己看作是例外情况。

然而，没有一个体系会消失得无影无踪，而是以"被扬弃"的形式继续存在。换言之，在哲学发展过程中，后面的阶段不仅产生于前一阶段，而且还吸取了前一阶段有价值的东西。因此，从这个角度讲，逻辑的东西和历史的东西是相一致的。或者说，认识的理论和认识的历史是相一致的，哲学体系中概念合乎逻辑的继承也是和它们在历史上的形成过程相一致的。所以黑格尔说，研究哲学史，也就是研究哲学。

---

① 黑格尔：《哲学史讲演录》第 1 卷，莱比锡：雷克拉姆出版社 1971 年版，第 105～106 页。

　　和范畴体系的结构一样，哲学知识的历史运动也是遵循从抽象到具体这一原则基础的。一种哲学学说，越老会越抽象，反过来，越新就越丰富、越具体。我们不寄希望于古老的哲学来解答当今的问题，也不期望这些学说有较深刻的意识规定。黑格尔坚决反对对过去言过其实的解释。然而，他自己却陶醉于把各种学说归结为他的逻辑体系中的某个范畴结构，而且让一种哲学的所有规定都从属于他的这个范畴，结果导致了公式化的倾向。

　　黑格尔不仅注意到了各种学说形成的统一链条，而且还注意到了这些链条的每一个环节对其周围条件的依赖性，他的这一发现是前所未有的。黑格尔认为，哲学就是思想在具体时代的表现。任何哲学都是它所在时代的哲学，是时代的产物。因此，我们所处的时代就不会有柏拉图学派、也不会有亚里士多德学派，同样既不会出现斯多哥派主义者、也不会有伊壁鸠鲁主义者。至多只会出现他们的追随者，来复兴这些体系，而他们的行为无异于让成年人重新回到孩提时代。当然，并非每个时代都有利于哲学的研究。只有文化的发展达到了高级和成熟的阶段，才能为哲学思想和哲学研究提供保障。

　　按照黑格尔的观点，社会生活方式中的每一个方面，如生产、国家、社会关系、政治、法律、宗教、艺术、哲学等，都不是第一性的，而是世界精神的外化。在一定的时期，在一定的民族中，世界精神体现为时代的精神和民族的精神。可以看出，对于社会生活和社会意识的个体形式之间的关系及相互作用，黑格尔是有深刻见解的。虽然他的哲学界见解没有从历史唯物主义的角度去解释，但绝没有庸俗的眼光。因此，一般认为，黑格尔仅仅提出了问题，而没有解决问题；仅仅提出了解决问题的方案，却没有给出现成答案。当然，切中要害地提出问题，比肤浅地处理问题更为重要。

如今，在黑格尔的诸多著作中，《哲学史讲演录》引起了学界的极大兴趣。虽然该书的研究资料不够充分，有些地方解释得很片面，但其分析原则却是辩证法的极好范例。人们可以利用黑格尔的哲学史讲义来深入地研究辩证法。在《精神现象学》中，作为主客体之间不断相互作用的意识发展，是以一般形式来阐述的，而在此却有了具体的体现；在《逻辑学》中，思维从抽象到具体的运动及逻辑和历史的东西之间的相互联系，是作为思辨结构体现出来的，而在此却尽量从哲学史的角度得到了证实。

《哲学史讲演录》一书对于研究黑格尔是非常重要的文献。它富有体系性和方法性。同时，对哲学史本身的研究，该书也不失为非常有参考价值的材料。虽然黑格尔没有给后人提供一个完整的关于哲学思想发展的概念，而且他的方法也是唯心主义的，但他抓住了过去各种学说的实质，特别在涉及辩证法形式方面，更有其价值。在遇到哲学史上出现的新概念、新原则的时候，黑格尔总是告诫大家，不要满足于一知半解，而应该通过它们的意义、进步的地方和缺点、前提和结果等方面来权衡、评价和理解。

在黑格尔看来，哲学是在希腊世界才开始发挥作用的。精神虽然产生在中国和印度这些东方国家，但在那里并没有上升到比宗教还高的位置。

米利都的泰利士是哲学的奠基人。讲到泰利士的时候，黑格尔讲了一个关于他的故事。有一次，泰利士在抬头观察星辰的时候掉进了坑里。人们嘲笑说他能知道天上发生的事情，却看不到自己脚下的东西。黑格尔评论说，只有那些自己待在坑里，不望高处的人，才永远不会掉进坑里。据传，泰利士确定了北极星的导航作用，通过金字塔的投影测量出了其高度，而且还预言了一次日食。此外，他还规定了 365 天为一年。

哲学史上，第一个力图解释世界的统一性，并把事物与现象的多样性归结于某个同一元素的人，就是泰利士。他把自然界最为常见的物质水看作是这种元素。水集动静于一身，能溶解万物，它是包括生命等一切存在物的根源。他否认没生命、无感觉的物质的存在，认为万物有灵。用现代术语来讲，泰利士可谓是一位朴素的唯物主义者。就泰利士在感性事物中发现普遍性的认识，黑格尔是这样解释的：泰利士眼中的水不是感性的水，而是作为思想的水。他的这番评价很有代表性，在黑格尔眼里，哲学史首先就是一部唯心主义史，对于唯物主义，他要么保持沉默，要么歪曲地进行解释。

米利都时代，还有一个学派是毕达哥拉斯学派。"哲学"（Philosophie）中有"爱智慧"之意，就始于毕达哥拉斯。

根据毕达哥拉斯的观点，数及数之间的关系，是存在的基础。万物之源是"一"。这个"一"，让黑格尔联想到了"统一"。每一种事物都是一样的，各种事物由于同这个"一"有关而成为一样的。毕达哥拉斯认为，其他的所有数都是"一"或者说单元的组合。有了二，就出现了多数、差别和对立的概念。后期的毕达哥拉斯学派把"一"称之为神，把"二"称之为物质，"三"则具有更大的意义。"一"通过"二"在"三"当中体现了它的圆满。对"三"的崇拜使毕达哥拉斯学派一直传到了基督教。毕达哥拉斯学派把"四"看成比"三"更高的数，让人联想到"水、气、土、火"四大元素，还有地球上的四个大陆。继续往下数，一直到"十"，"十"是"一、二、三、四"四个数字之和，是这些数字的最高统一。黑格尔发现，在这些数字背后，隐隐约约存在着统一、对立和量等一系列哲学概念。在这里，能看出后来亚里士多德提出的范畴图标思想的雏形。

在爱利亚学派的观点中，本质与表象之间的矛盾占有重要位置。黑格尔说，辩证法就开始于此。他认为，感性、可变的存在并不具有真实性，想按照理性对其加以解释，就会遇到矛盾。这一思想清晰地体现在芝诺的命题之中，其目的就是否定运动。我们的感官告诉我们，事物是在运动当中，然而，要理解运动又是不可能的。有关运动的思想，一直都包含着一个矛盾，所以芝诺的结论是运动实际上是不存在的。

让我们看一看"飞矢"这一命题。在飞的过程中，"矢"总处于某一具体的时空当中。在另一个瞬间，又处于一个新的空间点上。然而，倘若"矢"处于某一定点，说明它处在静止状态。然而，静止状态的总和中是不会产生运动的。运动的物体不在任何地点，既不在它所在的地点，也不在其他的地点。

还有一个是"快腿阿基利"的命题。如果按照逻辑来解释，就无法证明快腿阿基利会赶上慢慢爬行的乌龟。这是因为，一旦跑完二者之间的距离，乌龟至少会向前爬行一定的距离，当阿基利跑完这段距离，乌龟又会爬过即使是微不足道的距离。就这样，两者一前一后，永无尽头。

据说，哲学家第欧根尼反驳了芝诺提出的运动不可能性的观点。他起身用走来走去的具体行动来进行反驳。他的学生对这种方法感到十分满意。然而，第欧根尼认为他的学生用非哲学的态度看待问题，所以把他揍了一顿。他知道，芝诺并非想否认运动的感性存在方式，但人们必须努力去理解它，而不应满足于感性的确定性。

辩证逻辑承认，在现实本身当中存在着矛盾。只有这种矛盾，才能对芝诺的这一命题进行反驳。运动本身是矛盾的。黑格尔说，如果想一般地理解运动，那么就会认为，某个物体处在某一点，后来又移到了另一点。但是，在运动的过程当中，该物体已经不在第一个点，同时也不在第二个点。如果在其中任意一点，说明，它就处在静止状态。可是，该物体究竟在什么地方？假如说它在两点之间，说明处在了另外一点，结果，我们面对的是同一难题。事实上，运动就意味着某一物体既在某一点，同时又不在这一点。或者说，既在这一点，又在另一点。从中可以看到时间和空间的连续性，正是因为这种连续性，才让运动有了可能。

爱利亚学派从否定的一面发现了辩证法。换言之，该学派提出了一个他们难以解决的问题。在这个问题上，黑格尔把芝诺比作康德。而赫拉克利特的哲学则对辩证法做了十分肯定的阐述。黑格尔这样写道："……赫拉克利特的命题，没有一条我不曾纳入我的逻辑学中。"[①] 赫拉克利特认为，"宇宙不是上帝创造的，也不是人创造的，它是过去是、现在是而且将来也永远是的一团熊熊烈火，依据自己的规律燃烧和熄灭"[②]。赫拉克利特把火看作事物的本源。火的变化是万事万物和各种现象的基础。火的熄灭是一种"向下的方式"，它变成了潮气、水和土。相反，土会液化、蒸发和燃烧。大自然就是一个圆，起点也就是终点。同样，其他的对立也是相通的，有和无也是同一回事。在黑格尔看来，赫拉克利特的学说实现了对有和无的概念的抽象，实现了第一个辩证范畴。接下来，赫拉克利特转向了第二个范畴：生成。

黑格尔范畴体系的下一阶段是"自有"的概念。通过这个范

---

① 黑格尔：《哲学史讲演录》第 1 卷，莱比锡：雷克拉姆出版社 1971 年版，第 424 页。

② 黑格尔：《哲学史讲演录》第 1 卷，莱比锡：雷克拉姆出版社 1971 年版，第 438 页。

畴，黑格尔涵盖了恩培多克勒及原子论者留基伯和德谟克利特的学说。所以不难看出，黑格尔为其模式和唯心主义的偏见所蒙蔽，结果不能适当地评价唯物主义哲学。根据原子论的观点，世界上只有原子和真空。黑格尔认为该概念是很重要的。留基伯和德谟克利特认为，灵魂是由球形的原子构成的。每一事物都可以揭下一层薄薄的表皮，这些进入感官的表皮产生了感觉。德谟克利特把事物固有的形态、次序和位置与存在于人们思想之中的表质的颜色、气味和味道区别对待。可是，如何才能从纯数量的规定里面找出感觉呢？对此他们毫无提及。黑格尔提出这样的观点"……为坏的唯心主义论打开了大门。这种唯心论认为，只要它把对象和意识联系起来，并且只消说一声，那是我的感觉，就算把对象处理完了"①。显然，黑格尔这里指主观唯心主义。

阿那克萨哥拉把心智规定为普遍之物。这一点很接近黑格尔，所以黑格尔对他做了详细的阐述。

古代哲学发展的新阶段始于诡辩学派。"诡辩"一词向来不被认为是一个好词。它意味着用错误的论据反驳正确的东西，或把虚假的东西说成是似乎可信或可能的东西。然而，这一意义是后来才出现的。诡辩家最初的意思是"智慧之师"。该学派把哲学运用于人，把人与人的关系融入哲学。在当时，他们的职业是教师，他们教学生数学、音乐和雄辩术。他们曾经断言，人们可以用各种论据证明自己想要证明的一切，对每一个举动，都可以找到正反两方面的论据。当然，这不是该学派的过错，他们不过认识到事物的这一现象罢了，过错应该在于事物本身。

---

① 黑格尔：《哲学史讲演录》第 1 卷，莱比锡：雷克拉姆出版社 1971 年版，第 477 页。

黑格尔在这里还谈到了苏格拉底。黑格尔认为，苏格拉底是古代哲学史上最有趣味的人。在诡辩学派之后，苏格拉底力图把哲学"人情化"。他和诡辩学派立场上是对立的，这在于他肯定高于个人利益的绝对元素的存在。这即真、善、合乎伦理、正直的东西。每一个人都应当独立、按照自己的意愿在符合自己的认识的情况下生活。而且，苏格拉底还发现了道德。以前，雅典就有了朴素的伦理，但缺少对善和德行的思考。苏格拉底追求真理的方法吸引了黑格尔。在他看来，在苏格拉底那里，方法和哲学推理相一致。

苏格拉底喜欢和他所在的乡镇上的人交谈，不管他们是普通人还是政治家、智者还是工匠。和他们交谈的过程中，他总是从周围的生活琐事出发，引导对方从已知的事件实现对普遍性的思维。这里，最重要的任务是启发他们，让他们对已有的根深蒂固的观念产生怀疑。他以诚实的态度向对方发问，似乎他自己要向对方学习一样。他对对方的回答加以思考，直到最后揭露出内在的矛盾。这就是大家熟知的苏格拉底的讽喻。通过这种方法，教导人们认识自己是无知的。它先让人们感到惊讶，然后引导他们做出反思。

苏格拉底接下来运用了他所称的助产术。他认为要帮助已经存在于对方头脑当中的思想"出世"。他这里所使用的方法，就是提出一个正确的、应当给予适当注意和重视的问题，接着，问题的答案也就呈现出来了。

苏格拉底不愿提出任何形式的体系。他仅在个别人身上体现出普遍性思维。他认为，所有的一切都由良心来决定。倘若良心坏了，那么行动也会出问题。在其喜剧《云》里，阿里斯托芬试图嘲弄苏格拉底。黑格尔认为阿里斯托芬是对的，在一定程度上，他认为雅典法庭也是对的。该法庭认为这位哲学家不信神，而且诱惑青年，因而给他定了罪。

黑格尔认为，苏格拉底的命运够凄惨的了，该剧开创了希腊的悲剧。两个相反的公理之间相互对抗。一方面是以法庭和雅典人为代表的现存的法律的合理性；另一方面是以苏格拉底为代表的知识的权利、对和善及对知识之树的果实进行反思的权利。

黑格尔接下来颇费笔墨书写的另一位大人物就是苏格拉底的得意门徒柏拉图。在柏拉图看来，我们身边能够由感官感知、变幻不定的事物，是真实的、超越经验的理念世界里的一幅暗淡的画景。每一样事物都有它的理念，它独立于该事物而存在，而且是该事物的真实存在，是其本质。每一座屋子实际上是一般屋子相对应的永恒不变的理念的一个表象。柏拉图的所谓理念实际上是普遍的观念，将其抽象地和可以感知的个别事物相对立，并且把它抽象为独立的存在。

一般人想象不到理念世界为何物。柏拉图把这些人比作囚犯，他们被关押在一个洞里，除了面壁之外，没有感受到自由是什么样子。当人们扛着器具、雕像和图像从洞口路过的时候，这些囚犯看到的只是这些物体的影子，而且把这些影子看作物体本身，原因是他们从来没有见过实物的样子。所以，既然我们周围的物体不是真实的，那么我们的感觉也就无法提供给我们真正的知识。只有智者才能够认识理念世界。智者通过感官提供的印象，回忆起了其灵魂走进这个世界之前在另一世界的所见。

柏拉图的见解既富有诗意，又神秘难懂。但细心的读者会在神学的外壳后面发现关于知识的深刻见解。需要一提的是，"辩证法"一词，首先出现于柏拉图的著作当中。黑格尔对对立统一的分析让人感到饶有趣味。赫拉克利特在观察世界时，就已经很形象地探讨过这个问题。在柏拉图理念里，该思想以概念的方式体现了出来，并且还涉及了认识问题。认识如同世界本身，同样也包含着矛盾规定的统一性问题。没有哪一样东西是大或者小，是一倍或是一半，在正确或者错误，是美或者丑，而是两者同时都有。在柏拉图谈及个别与普遍、个别与理念的关系时，他就想阐明这一现象。对于柏拉图的见解，黑格尔概括成了一句话：真理在于对立统一。

虽然柏拉图是苏格拉底的学生，但他不同于自己的老师。他不是从人类事务的个别出发，而是从集体和国家出发。柏拉图虽然不提倡道德，但他阐述了一个伦理体系。所以，这和黑格尔的观点很接近。他和后来的柏林学派一样，相信国家是伦理生活的基石。可以看出，柏拉图和黑格尔都是时代的产儿。柏拉图在他的理想国里既废除了私有财产，也废除了婚姻制度。他的乌托邦思想就是斯巴达现实的神化。而黑格尔则认为柏拉图的一大缺点就是在他的国家里，个别性的原则受到了压制。当然，他所指的是主观良心、婚姻及私有财产。黑格尔认为，"只有财产归个人所有，自由才有存在的可能"[1]。

就像柏拉图和苏格拉底有分歧一样，他的学生亚里士多德同样和柏拉图观点相左。亚里士多德这位马其顿的亚历山大的老师，在希腊哲学中的地位，可以和他的学生的政治业绩相媲美。马其顿王占领了整个文明世界，而亚里士多德的体系包含了当时所存在的所有知识领域。

不同于柏拉图的观点的是，亚里士多德认为不能把事物和它

---

① 黑格尔：《哲学史讲演录》第2卷，莱比锡：雷克拉姆出版社1971年版，第137～138页。

的本质割裂开来对待。事物的本质就存在于事物当中，而不是彼岸世界。他对柏拉图的批判带有一定的唯物主义特征。然而，黑格尔却想方设法去抹杀这些特征。在亚里士多德看来，物质就是事物纯粹的抽象可能，或者说是混沌、惰性的质料。只有通过形式和积极的理想原则，物质才能实现真实性和现实性。形式让物质从纯粹的可能变成现实，变成可感知的感性实体。实体的更高一个类别是知性，也就是人的心灵。亚里士多德还认为，有一个最高的、绝对的实体，一个形式之形式，在这个存在中，形和质、可能性和现实性不可分割。这个实体就是上帝。

黑格尔还专门提到了亚里士多德关于国家的观念。亚里士多德认为，人是政治的动物，国家是个别人的本质，高于个人和家庭。不同于柏拉图的是，亚里士多德不太关注国家制度的完美形式，而是指出，国家应该由优秀人物来管理，而且他们不受法律的约束。黑格尔这样写道，"亚里士多德说，他的心目中无疑浮现着他的亚历山大……希腊的民主制度当时已完全衰落，所以对它再也只字不提了"[①]。

虽然斯多葛主义、伊壁鸠鲁主义和怀疑主义都产生于希腊，但黑格尔把它们都以罗马世界的哲学加以讨论。然而，对于具有理性的实践的自我意识，罗马世界并不适合，所以自我意识退回到思维的独立状态，在这种自我满足的状态中，只关注自己，而不是普遍事物。

新柏拉图主义是古代哲学发展的最后阶段，它以一种异想天开的方式，调和、容纳了以前几乎所有的基本学说。例如柏拉图

---

① 黑格尔：《哲学史讲演录》第 2 卷，莱比锡：雷克拉姆出版社 1971 年版，第 254～255 页。

学说、亚里士多德学说、斯多葛主义、伊壁鸠鲁主义、怀疑主义等。该学派的最权威代表柏罗丁认为，世界出现的原因在于神性的放射。绝对存在，即太一或上帝，像太阳放射它的光芒一样，从自身放射出知性。这些放射物又返回太一，静视上帝，思维收到被思维的东西的思维。对于这一点，黑格尔极为赞赏。他说，"等而下之，一部分转化为自然，一部分转化为显现着的意识……就包含了很多武断成分，而没有概念的必然性……"然而，柏罗丁学说的另一方面，也就是对物质世界的解释和归纳的观点，黑格尔并不感兴趣。

在他的讲演录中，黑格尔把主要精力放在了古代哲学上。古代哲学占到了该书三分之二的篇幅。讲述完时间跨度达一千多年的古代哲学史之后，从 6 世纪到 16 世纪之间的哲学，他则匆匆一笔带过。

对于中世纪时期的哲学，黑格尔是从阿拉伯人谈起的。实际上，他只列举出一些人名，如阿尔·法拉比，伊本·森纳，阿尔·埃查利，伊本·鲁斯德等。在黑格尔看来，哲学家的贡献在于保存了亚里士多德的学说，其原因是，在中世纪的欧洲，好长一段时期内，人们只是从阿拉伯人所翻译和注释的作品中才了解了亚里士多德。黑格尔武断地认为，阿拉伯的思维是乏味的，在哲学史上并没有出现一个独立的阶段。

对于欧洲的经院哲学，黑格尔也有同样的态度。这里，哲学和神学混到了一起。他说，"经院哲学乃是北日耳曼人天性中的知性完全混乱的结果"①。科学退化为形式上的三段论式的推理。

---

① 黑格尔：《哲学史讲演录》第 3 卷，莱比锡：雷克拉姆出版社 1971 年版，第 114 页。

黑格尔说道，"在学者中间出现了对于理性事物的无知和彻底的、惊人的迟钝；在其他人即僧侣中间，也出现了最可怕的、完全的无知现象"①。他们的思维错乱了。黑格尔使用"错乱了"一词，有两层意思，一是指"走岔道了"，二是指"癫狂"。

黑格尔用一页的篇幅讲述了托马斯·阿奎那，而罗吉尔·培根只占了三行，至于有名的阿维罗伊派、自由思想家和异教徒西格尔·冯·布拉班特，他则只字未提。另外，对于他青年时代曾经让他狂热的德国神秘主义者埃克哈特，黑格尔也没有提及。很明显，并非黑格尔对中世界哲学了解不多，主要原因是中世纪哲学不适合打着逻辑思维发展模式。和东方的智慧一样，中世纪束缚了浪漫主义思想。对此黑格尔当然并不感到同情。同时可以看出，黑格尔对封建时期的天主教的精神世界，是怀着新教徒所持的敌意的。

中世纪哲学分割了彼岸和此岸、宗教情感和自然（包括外在的自然以及人的自然）。外在的世界的价值只有在利用之后才能体现出来。近代哲学的一项任务就是解决思维中的宇宙和存在的宇宙之间、思维和存在之间的对立问题。近代哲学分为两个阵营：实在论和观念论。前者从感知和物质自然当中推断出思想内容，而后者的出发点是思维的独立性。在此，黑格尔几乎已经提出了这些的基本问题。他将其称之为"实在论"的东西，事实上，他的不太确切的提法指的就是唯物主义。培根和伯麦这两位近代哲学鼻祖，就曾试图从相反的立场来解决精神和自然的问题。

对于伯麦，黑格尔比叙述"一切经验哲学的先驱"、英国大法官培根更为详细，更具偏爱。对于伯麦，一些人把他贬低为执

---

① 黑格尔：《哲学史讲演录》第3卷，莱比锡：雷克拉姆出版社1971年版，第122页。

迷不悟的盲信者，还有一些人出于他的直观哲学和感觉哲学，把他捧上了天，这两类人显然对他的看法都是有失偏颇的。在黑格尔的笔下，他是一个失学者，嗜好哲学冥思，而且不乏辩证的思想。

17世纪是知性思维的时代。在此期间，经验论和唯理论虽然争论不休，但二者的分歧并不重要，它们都是从外在或内在的经验来获取所需的内容，而没有深入到思维本身。根据唯理论的观点，合理的思维是真理的唯一来源。该流派的创始人是勒奈·笛卡尔，他试图排除一切权威，完全从头做起。他认为，"我"的思维是不可怀疑的唯一的事实。由此便有了他非常著名的"我思，故我在"这一命题。

笛卡尔从"我"这一存在出发，首先实现了神的验证，然而转至物质世界。他认为，上帝这一实体是宇宙的创造者，宇宙是由精神实体和物质实体这两个独立的实体所组成的。前者的属性是思维，后者的属性是广延。上帝不但规定了灵魂和肉体之间的和谐，而且还是二者之间的媒介，二者之间不会产生直接的相互作用。

布鲁赫·斯宾诺莎通过他的统一实体学说克服了笛卡尔的这种二元论思想，认为实体并不依赖于在它之外的任何神圣的造物主。实体就是"它自身的原因"，它既是上帝，也是自然。

斯宾诺莎有关神学的术语可能让人对他的泛神论思想做唯心主义的诠释，黑格尔驳斥了斯宾诺莎的无神论所引发的责难。更加让人觉得他的学说带有无神论、甚至唯物论倾向的是，牧师们对他进行疯狂的攻击，自由思想者仰慕它、追随他。斯宾诺莎一方面让上帝成为自然，另一方面对《圣经》做了科学的批判。他也是开这种批判先河的人，他的举动无疑是挖了宗教的墙角。

而在英吉利海峡的另一端，经验论者培根的思想则遇到了肥沃成长的土地。在那里，兴起了另一种唯物主义思想。对于约

翰·洛克的哲学，黑格尔称其为形而上的经验主义。斯宾诺莎和
洛克相比，前者是从原理和定义出发，而后者则是从有限物、感
性物及经验引出普遍的概念。洛克否定天赋观念，认为知性中的
所有事物都是先在于感官之中。他同时认为，感觉是所有知识的
源泉，心灵在与世界产生感性互动之前，是一块"白板"，只有
通过经验，才能在上面写上文字。

　　经验科学的方法与洛克的见解相一致。黑格尔说，洛克的见
解显然难以令哲学家们满意。他们认为，洛克并没有弄清楚个别
的感知采取何种方式具有了概念特征的普遍性形式。洛克认为知
性只是组合的解释显然是不充分的。洛克的另外一个弱点就是把
质分为第一性和第二性。包括广延、硬度、形状、运动等在内的
第一性的质是真实的、客观的，包括颜色、气味、声音、味道在
内的第二性的质是通过我们的感官获得的。这样便导致了贝克莱
主观主义唯心论，该理论甚至认为，事物的第一性的质也属于人
的观念。根据贝克莱的观点，存在就是被感知。黑格尔将其评价
为最坏的唯心论。洛克哲学到最后形成了休谟的论点。当然，黑
格尔对其也是持否定态度的。休谟认为，人只能通过自己的感
觉，利用它们提供的资料来了解世界，但对于这些资料来自何
处，却给不出答案。他还认为，知识的普遍性是没有必然可言
的，它只不过是人们把个别现象联系在一起的结果罢了。

　　休谟的怀疑论观点主要针对的不是科学，而是宗教和独断论。
所以，在法国启蒙学者当中，他有非常广泛的声誉。法国启蒙学
者的哲学被黑格尔描述为唯物论和无神论。谈到斯宾诺莎的泛神
论，狄德罗曾说，自然是没有神的。在黑格尔看来，法国的唯物
论是哲学思想发展的必然阶段。然而，黑格尔只是从它的否定方
面来认识其意义，把它看成摧毁衰颓的宗教和政治制度及不合时

宜的法律与道德标准的力量。其唯心主义思想在此表现得淋漓尽致。一方面，他极力推崇具体的普遍统一性思想，同时又认为该思想显得肤浅。黑格尔运提到了霍尔巴赫的"自然体系"，也提到了罗比耐。这时的黑格尔，和他年轻时一样，对卢梭仍旧怀有好感。

德国启蒙运动有其自身的特点。其中，布莱尼茨的传统非常活跃。他的观点和斯宾诺莎及洛克的哲学思想是对立的。他提出了称作"单子"的个别实体的多样性的思想，认为单子代表着每一个独立自主、不可重复的世界。单子从无机物通向有机物，再通向意识。单子与单子之间没有任何的联系，所以他不承认认识产生于经验当中。他认为，就像两个指向同一时刻的不同时钟一样，真理只能是被上帝预先规定的思维实体和物质实体在运动中的和谐状态。

斯蒂安·沃尔夫把布莱尼茨的思想做了系统化的总结。他还开创了所谓的通俗哲学，其宗旨是普及哲学知识，但这些知识收到了知性形而上学的制约。

只有在"最新的德国哲学"领域里，才出现了向辩证法的转变，所以黑格尔对康德的阐述占了很大的比例，其篇幅在希腊以后的哲学中居首位，大约跟苏格拉底的页数一样多，不过比柏拉图所占的页数少两倍。在黑格尔看来，"康德哲学是按照一定的法则形成的启蒙哲学，它要人相信，真实的东西都不可知，只有现象才是可知的"[①]。尽管想实事求是地阐述康德的哲学思想，但是，作为康德的对手及克服者，黑格尔对其思想还是持有偏见的，所以最终将其指责得一无是处。他说，没有谁会像康德的哲

---

① 黑格尔：《哲学史讲演录》第 3 卷，莱比锡：雷克拉姆出版社 1971 年版，第 485 页。

学思想那样愚蠢。他认为，研究认识的可能性和界限的先验哲学的原则是荒谬的。他说，在认识某种事物之前，认识能力的企图，就像在下水之前企图游泳一样。与此同时，对于康德在列举认识论范畴及道德范畴时所用的经验主义方法，黑格尔也是持反对态度。他说，"在心灵的口袋里乱摸一气，想摸到一点值钱的东西，偶尔也会摸到理性，即使什么都没摸到也无所谓……"[1]当然，黑格尔也肯定，作为有限关系中的思维与作为以无条件物和无限物为对象的思维的理性之间的区分，是从康德那里开始的，这种区分对于黑格尔是非常重要的。黑格尔特别强调，康德哲学论证了"知性概念如果用来规定无限物，就会导致错误结论和矛盾"。这正是黑格尔辩证法的重要起点。另外，黑格尔还强调了直观知性，这是被康德看作思维所必需的，同时也是谢林和黑格尔作为出发点的。根据这一知性，一般和特殊、目的和手段都是同一的。

费希特刚好和康德的经验主义方法相反，他力图从"我"这个唯一无可怀疑之物，也就是一个非常明确的最高原则出发，引申出其全部哲学。虽然和笛卡尔一样，是从"我"出发，但费希特并不像笛卡尔那样前后矛盾，除了引申出"我"所包含的思维的限定或"非我"之外，并没有引申出上帝和世界的存在。"非我"产生于"我"，并限制着"我"，同样也受"我"的限制。由此所产生的否定与肯定、否定与同一、限度和限度的扬弃等的不断变换，都是辩证的，正如黑格尔所说，它"是世界上第一次按照理性推演范畴的尝试"[2]。

---

① 黑格尔：《哲学史讲演录》第 3 卷，莱比锡：雷克拉姆出版社 1971 年版，第 506 页。

② 黑格尔：《哲学史讲演录》第 3 卷，莱比锡：雷克拉姆出版社 1971 年版，第 562 页。

　　同时，黑格尔在费希特那里也看到了精神上的需要："这种主观性……需要摆脱它的片面性，才能同客观性、实体性相结合……这不是斯宾诺莎的形式上的结合，也不是像费希特那样的主观总体性，而是具有无限形式的总体性，我们看到这种总体性出现在谢林的哲学之中。"① 可以看出，世界精神在这里已经非常接近其目标，接近黑格尔的哲学了。客体和主体的统一已经实现。然而，谢林并没有实现理念的逻辑发展，他只是看到了理智的直观性。在谢林看来，至高无上的是艺术而不是哲学，是想象力而不是理性。黑格尔是反对谢林的这种贵族态度的，他说，"（在谢林看来），哲学在个别人身上表现为艺术才能，表现为天才，仿佛只有幸运儿才配得上它。但哲学按其本性而言是能够普遍化的，因为它的土壤是思维，而人正因为思维才成为人"②。黑格尔也把哲学阐述融入了自己的体系："哲学当前的基本点就是，理念要在它的必然性中……亲得到认识……"③

　　其目标已经实现。为了实现真理，世界精神竟然花费了两千五百年的时间。最后，黑格尔又重新综述了哲学思维的发展历程，并创建了一个里程碑。他曾想向其听众讲述哲学的各种精神形态，以及历史上的天才在这一漫长道路上的必然历程。精神的性质，将在我们所有人的身上继续存留下去。

---

　　① 黑格尔：《哲学史讲演录》第 3 卷，莱比锡：雷克拉姆出版社 1971 年版，第 586 页。

　　② 黑格尔：《哲学史讲演录》第 3 卷，莱比锡：雷克拉姆出版社 1971 年版，第 591 页。

　　③ 黑格尔：《哲学史讲演录》第 3 卷，莱比锡：雷克拉姆出版社 1971 年版，第 620～621 页。

布鲁塞尔、维也纳和巴黎之旅

每学年的第二学期通常 8 月份结束，新一学年的第一学期从 10 月份开始，所以 9 月份就进入了假期。1819 年，黑格尔和夫人去了吕根岛。接下来的两年，每到 9 月他就去德累斯顿待上一段时间。1822 年，他准备做一次较长的旅行。反复斟酌之后，他将荷兰作为目的地。那里有他的学生和老朋友梵·格尔特。然而，这样的旅行需要一笔很大的开支，而这笔开支在他的预算当中是没有的。

当初，阿尔腾施泰因请黑格尔来柏林的时候，曾给他有过承诺，说有可能将他选进科学院，还会增加收入。可是，三年过去了，他的承诺一直没有兑现。与此相反，黑格尔的收入不但没有增加，支出却越来越大。孩子长大了，他们的教育费用不断增加，黑格尔和夫人也经常得吃药看病。

夏初的时候，黑格尔就决定从政府那里申请补助。在写给大臣的一封信里，他讲述了自己的处境，谈到了种种没有实现的愿望。他特别提到，自己的收入已经全部用于提高自己的学识，而这些学识在他目前所处的知识领域里要从事著述是不可或缺的。

他还强调，哲学比其他科学更为有价值。就此，他写道："我还要坦率地补充一点：我借全力以赴为王室服务的科学专业，如要对它进行深刻而细致的研究，将比其他许多教授所从事的科学专业需要更多的时间和完全不同的努力。因此，我也就没有多少闲暇时间来从事写作，以改善我的收入状况了……"①

与此同时，阿尔腾施泰因也给总理大臣哈登贝格写了一封信。信中称，他的确曾承诺黑格尔，答应为他安排一个有报酬的科学院院士的职位，但至今没有下文。他说自己很赏识黑格尔，称其为教育家、学者，主张为其批准一次补助。哈登贝格记得《法哲学》的作者黑格尔，他也不在乎别人的意见，批准了申请："……为了补偿黑格尔医改善恶化的健康状况……而所作之旅行的费用……"给黑格尔600塔拉的补助。

安顿好大学事务之后，黑格尔就出发了。他的第一站是马格德堡。因雇不到马车，他在这里待了两天。在探寻名胜的过程中，他无意间发现，著名的卡诺将军就住在此地。他这位法国科学家和革命家，被拿破仑晋身为伯爵的执政内阁陆军部长，最终在警察的监视之下，于德国的一个乡镇上结束了他的生命。黑格尔曾拜访过他，还受到过他的亲切接待。

9月15日中午，黑格尔离开马格德堡，次日清晨到达布伦瑞克。抵达之后，黑格尔便漫步该市市区，白天参观了一个博物馆，晚上观看了一场演技平平的喜剧，然后继续在夜间赶路，在途中迎来了第二天的黎明。勃兰登堡行政区单调的平原上出现的绚丽多彩的风景让他想起了自己的故乡斯瓦比亚。下午三点左右，他抵达了诺尔特海姆。因为前往卡塞尔的马车天黑才能出

---

① 《黑格尔书信集》第2卷，汉堡：梅纳出版社1953年版，第311～312页。

发，所以第三个夜晚黑格尔依然睡不了觉，所以他决定搭乘前往慕尼黑的邮车。黑格尔在诺尔特海姆的一家旅馆住了一晚，第二天清晨精神饱满地到了卡塞尔。他在那里待了两天，去了市区和城郊，游览了图书馆和美术馆。美术馆中最好的展品已被拿破仑掠走，送给了他的第一个夫人约瑟芬，约瑟芬又将这些作品卖给了俄国沙皇亚历山大一世。战争虽然早已结束，这些名画却没有归还给卡塞尔。但黑格尔对这里剩下的展品同样感到满意，特别是荷兰画家们的作品，更让他感到喜欢。

接下来，黑格尔到达马尔堡，沿着莱茵河前往波恩和科隆。在波恩，他结识了寡妇希恩氏。她是科隆一家生意红火的商铺的老板娘。这位寡妇的儿子邀请黑格尔观赏了他珍藏的玻璃画，还请他吃了中午饭。黑格尔在市内游览了一圈，参观了当地的教堂、美术馆和罗马要塞，观赏了莱茵河的美景。

9月28日是个星期天，他离开科隆，到达埃森。他首先去了摆放查理大帝大理石宝座的大教堂。这个御座曾有32个皇帝登基时坐过，黑格尔忍不住也上去坐了坐。导游还给黑格尔讲了一个传说，说查理大帝去世三百年后，有人曾看见他头戴皇冠，一手拿着皇笏，一手拿着标志皇权的宝球，坐在这个宝座上。

黑格尔还花了六个小时参观了一个私人的绘画藏品。他以鉴赏家的眼光发现，一幅荷兰画和他以前在博瓦塞雷教授那里看到的另外一幅画笔法极为相似。原来，这两幅画是勒文画坛大师迪克·布茨同一幅祭坛画的两个侧面。后来，这两幅画和中间部分连接起来之后，在勒文的彼得大教堂里展出。

黑格尔的目的地是布鲁塞尔。在那里，他受到了梵·格尔特的接待。荷兰人民幸福的生活、整洁的道路和美观的城市，都给黑格尔留下了很深的印象。谈到普通人和穷人的时候，他说，

"……（我）迄今还不明白，怎么没看到一所破烂房屋，一个塌陷的屋顶，或者朽坏的门窗"①。郊外远足的时候，黑格尔还去了滑铁卢。他这样描述，"……在这里看到了永远值得纪念的旷野、山丘和场地，特别引我注目的是那一片莽莽的高地。站在上面环顾一番，可以眺望到几里路远，这儿就是拿破仑这位沙场宿将登基的地方，也是他丧失王位的地方。在炎热的中午，我们在这一带跑了三四个小时，这儿每一个土堆下面都埋葬着不屈不挠的勇士的尸骨"②。

此后，黑格尔接着又去了根特、安特卫普、布雷达、海牙和阿姆斯特丹。一路上新的观感，让黑格尔感到美不胜收，他说自己的游记都开始写得零七八碎了。他给夫人的信中深感歉意地说，"要把没有写到的东西补充出来，我真不知道怎样一一去追忆它们。最后还是谈一谈教堂吧。大家都说，如若想看看庄严肃穆、富丽堂皇的天主教教堂，根特、安特卫普的教堂可以大开眼界。这些教堂又高又大，清一色的哥特式建筑，蔚为壮观——还有涂饰彩漆的窗户（其中最华丽的，我看是在布鲁塞尔）；圆柱上面是与人体等高的大理石雕像，有的躺着，有的坐着——约莫有几十个——鲁本斯、凡·艾克和他们一派的油画，都是大幅的，其中的珍品在一个教堂里就有二三十幅；大理石的圆柱、浮雕、带围栏的忏悔座，在安特卫普教堂里就有六七个或十来个之多——每个忏悔座都装饰着四幅与人体等高的、精雕细琢的木刻画……"③ 在布雷达，黑格尔对拿骚伯爵的陵墓欣赏不已。该陵墓共有六尊雪花石膏塑的人像，拿骚和夫人平卧在黑色的石面

---

① 《黑格尔书信集》第2卷，汉堡：梅纳出版社1953年版，第362页。
② 《黑格尔书信集》第2卷，汉堡：梅纳出版社1953年版，第357～358页。
③ 《黑格尔书信集》第2卷，汉堡：梅纳出版社1953年版，第359～360页。

上，其余四尊雕像俯身立在角落，分别是恺撒、汉尼拔、勒古拉斯和一个勇士，似乎在守卫着他们。陵墓不知出自何人之手，但黑格尔认为是米开朗琪罗的作品。在他的《美学讲演录》中，黑格尔对这些雕塑群做了细致的描述。在阿姆斯特丹，他还有幸欣赏到了伦勃朗的大量画作。

最后，黑格尔到了乌德列支，接着离开了令人心旷神怡的荷兰。随后，他经由奥斯纳布吕克和不来梅，前往汉堡，和杜博会面。

此前，黑格尔和杜博从未谋过面。1822 年年初，他收到制帽商人杜博的一封信，信中请他解释一下什么叫真理。黑格尔没有立即给他回信。结果半月之后又收到了他的第二封信，这封比第一封写得更为详细的信里，提出了同样的问题。杜博在信中说，他业余从事哲学研究，想亲自探索真理，但苦于缺少必要的修养。他出身法国，一直热衷于当地流行的怀疑主义。在了解了一些德国哲学之后，让他的思想有了转变。可是，康德和费希特的观点并不能让他感到满意，所以他开始研读黑格尔的哲学思想。他写信的目的是想向黑格尔本人求得指导。黑格尔觉得保持沉默显得不妥，于是给他回了一封信，信中把他的《逻辑学》和《百科全书》中的有关章节做了通俗的讲解。杜博对黑格尔的答复非常满意。在他俩会面时，他又给黑格尔提出了许多新的问题。等到分手的时候，他俩已经志趣相投了。

回到柏林时，黑格尔百感交集，丝毫没有轻松之感。相反，他感到精疲力竭。当时还在读书的海因里希·霍托，这样描述他前往五十二岁的黑格尔那里报名听他第二学期课程时的印象："他坐在一张宽大的写字桌旁，正在一堆横七竖八、杂乱无章的书籍和稿纸里焦躁地搜寻什么东西。早衰的身躯已经弯了下来，但依旧不减当年的恒心和毅力；灰黄的睡衣随便从肩上披了下来，顺着蜷缩的身体一直拖到了地上。从外表看去，他并没有什么可敬的高贵气派，也没有什么动人的文雅风度，而在整个言谈举止中，引人注目的不外乎古代平民的那种坦荡胸怀。他的面貌给我的第一个印象让我永生难忘。他整个脸庞苍白而憔悴，仿佛没有生命似地耷拉着，一点也看不出有摧枯拉朽的表情，那是他日夜沉默劳动的结果；怀疑的苦楚、汹涌的思潮，似乎并没有破坏和废弃这数十年的思考、探求和发现；只因他不断地渴望把有幸发现的真理的幼芽培育得更丰富多彩、更深刻、更精确、更不可抗拒，他的额头、脸颊和嘴角才布满了皱纹。每当神智朦胧的时候，他便显得憔悴不堪，一旦神志清醒过来，就又表现出一种对事业一丝不苟的严谨态度。他的事业本身是伟大的，只有通过艰苦的劳动，才能取得圆满的进展，而他长期以来正是以这种严肃态度默默无闻地埋头于这一事业。他整个头颅长得十分端庄，鼻子和高高的有点儿凹陷的额部、沉稳的下颚长得十分尊贵。不论大事小事，他都表现出诚实和正直，只有在真理中才得到最终满足的清醒的意识和充沛的力量，他高尚的性格显著地铭刻在极其独特的外形上。我原来期待他给我作一次内容丰富、鼓舞人心的学术谈话，结果事与愿违。这个怪人刚从荷兰旅行回来，只知道滔滔不绝地大谈城市的整洁、乡村的优美富饶，大谈辽阔无际的绿色草原、牛羊、运河、高耸的磨坊和便利的公路，大谈艺术珍品和舒适讲究的生活方式等，我听了半小时，就仿佛感到自己已经跟着黑格尔本人一起住进了荷兰的土地上。"①

---

① 海因里希·霍托：《生活与艺术入门》，斯图加特和图林根 1835 年版，第 383～384 页。

　　霍托是第一批聆听黑格尔世界历史哲学讲演的学生当中的一个。前面已经介绍过了他的演讲的内容。对于演讲当时的情况，霍托是这样描述的："但是，那个人（指黑格尔）当初不得不从事物的最底层出发，提炼出最宏伟的思想。这些思想尽管过去多年以来和今后永远还将重新加以思考和融会贯通，但如果要充分发挥感化作用，必须得以生动的现实性在自己身上再一次生发出来。最鲜明地表现这种艰难困苦的莫过于这样的演讲了。远古时代的预言家们，愈是费劲地字斟句酌，他们自己心中经过努力搏斗而即将被征服的一切便表现的愈是简练。黑格尔正像那些预言们家一样，也是以笨拙简便的方式进行斗争并取得胜利的。由于完全沉湎于讲题之中，他似乎不像是为了听众的，而只是为了讲题本身的缘故发挥这个讲题，并且从自己的心智来发挥它。然而这个讲题完全是他一个人讲出来的，他几乎像父亲一样关心它的明了性，以求缓和那种僵硬和严肃，让听众不至于害怕接受如此艰涩的思想。他开始结结巴巴地讲起来了，努力想讲下去，忽然停顿下来，接着又重新开始，讲讲停停，停停讲讲，边讲边想，似乎怎么也找不到一个恰当的字眼，而一旦选中了一个最可靠的字眼，它看起来似乎很平常，但却贴切得不可替换；最本质的东西看来总是到下一步才会讲出来，但带不知不觉却尽可能完美地讲出来了。这时听众才理解到一个句子的明确意义，并渴望他继续讲下去。白盼了一场，思想并没有向前推进，而是以同样的字句围着同一个观点不断地兜圈子。松弛的注意力一旦开了小差，离开了讲题，那么几分钟之后重新听讲，就会大吃一惊，发现由于脱离了讲题的前后环节而受到惩罚。因为，任何一个完整的思想都是精密地通过一些看来毫无意义的中项引申出来的，因此都带有片面性，互不相干，而且陷入矛盾；只有使那些最格格不入

的东西最终协调起来，才能成功地解决这些矛盾……他用这种方法圆满地描述了时代、民族、事件和个人。因为，他深邃的目光使他到处能够认识到彻底的东西，他当年的洞察力即使到了暮年也没有丧失青春的活力和蓬勃的朝气。"[1]

黑格尔的演讲之所以闻名，不在于辞藻华丽，而在于内容深刻。在他刚当上讲师的年轻时期，那种晦涩难懂的讲课方式曾经让他倍受责难。然而，在他获得的荣誉接近巅峰时期，这种讲课方式在听众的眼中却变成了伟大的标志。他的声望也已经远远超越了国家的界限。

这里不妨提一下伊凡·基里耶夫斯基对黑格尔的讲演及和他会面时留下的印象。这位未来的亲斯拉夫派1830年2月到达柏林。起初，他对黑格尔的哲学史讲演并不感兴趣。他这样说道，"他的讲话简直叫人受不了，说一句就咳嗽一阵，声音给吞掉了一半，他那颤抖的哭泣似的语调几乎不能把最后一句话说完。这里只有一位教授，能使在柏林的学习有所裨益，而且无可替代——他就是地理学教授里特尔。"然而，他对黑格尔的看法逐渐发生了变化："我已经受得了黑格尔的讨厌的讲课方式：一段时间以来，我已不听里特尔的课，改听黑格尔的课了。"最后，他终于被这位辩证法大师给迷住了。他给黑格尔很礼貌地写了一封信，希望能与他有交谈的机会。到了约定的时间，基里耶夫斯基来到了库普弗尔格拉本的寓所，这让黑格尔很高兴。第二天，基里耶夫斯基在睡梦中被送信的叫醒了，得知黑格尔邀请了他，他晚上可以随时过去，不过得提前告诉黑格尔一声，因为他还会

---

① 海因里希·霍托：《生活与艺术入门》，斯图加特和图林根1835年版，第385～389页。

邀请其他人。为了结识基里耶夫斯基这位才华横溢的俄国大学生，黑格尔的学生甘斯、米西勒、霍托、作家劳帕赫、一位将军夫人，还有一个美国人都来到了黑格尔的家里。基里耶夫斯基是这样描述的："整个晚上谈得非常热闹，一直没有间断，尽管大部分时间主要是我和黑格尔在谈。谁也比不上他那样好客，那样讲礼貌，那样和蔼了。"基里耶夫斯基还在自己的家信中这样告诉自己的继父："亲爱的爸爸，如果莫斯科买不到黑格尔的《哲学全书》，您就订购吧！这本书里面可以找到许多有趣的东西，那是所有最新的德国文学加在一起也不能提供给您的。这部书虽说难懂，但却值得一读。"①

1824 年 9 月，黑格尔又一次利用假期外出旅行，目的地是维也纳。为了再次欣赏世界著名美术馆的名画，他在经过德累斯顿时停留了一下。另外，他还到浪漫派作家蒂克家里参加了一次文学晚会，晚会上演出了霍尔贝克的一个新喜剧，虽然黑格尔看得兴致勃勃，但因为次日凌晨四点半还得赶路，所以没有看完就起身离开了。

黑格尔在抵达奥地利边境之前，给夫人又写了一封信，提醒她在来信当中不要谈政治，只谈一些轻松的私事就可以了，因为奥地利的官员们对私人信件非常感兴趣。他在布拉格待了一个星期。刚到布拉格，他就去了赫拉德钦。然而，那里正在举行军演，到处是军队，炮火弥漫，子弹乱飞，他只好返回。第二天，他才登上这个著名的高地，一览金色布拉格的全貌。从早到晚，他都在城区游览，参观了古老的教堂、宫殿和美术馆。

在维也纳，意大利的歌曲给他留下了非常深刻的影响，他这

---

① 《伊凡·基里耶夫斯基全集》俄文版第 1 卷，莫斯科 1911 年，第 36～37 页。

样写道，"只要钱够我看意大利歌剧和回国之用，我就要继续留在维也纳。"① 在那里，他观看了麦尔卡丹、罗西尼、斯波蒂尼、莫扎特的歌剧，有的甚至看了几遍。意大利独唱家的演出让他心迷神醉。他从维也纳发出的每一封信里，都免不了这方面的内容。令他惊诧的是，他弄不明白自己为何那么喜欢罗西尼的音乐。他这样写道，"作为音乐，它有时使我感到无聊"②。同时，他又写道，"但是，就像绸缎只是为了女士们……它也只是为了意大利的嗓子而创作的……这不是真正的音乐，只是单纯的歌唱，一切都是为了歌唱……我现在已经败了胃口，罗西尼的这个《费加罗》比莫扎特的《婚礼》更使我感到回味无穷……"③ 为了准时、精神饱满地上剧院，黑格尔很少去维也纳的郊区。白天的时候，如果有一点空闲，他就去市内公园散散步，尤其是街心公园和公共游乐场。到了晚上，他便去剧院。倘若歌剧院里没有演出，他就去著名的利尔伯尔达傀儡剧团。

黑格尔还去了动物标本陈列馆，他以柏林大学教授的身份在那里受到了欢迎和尊重。在这里，他见识了当时最大的皇家图书馆，一间阅览室里就有 30 万册藏书。在珍宝馆，他看到了一颗价值百万的钻石。那里的博物馆馆长还亲自带他参观了一些展品，内容之多，让他眼花缭乱，然而，他只识得其中一小部分。如果黑格尔来的时候遇上闭馆，那么会引他去看私人藏品。这对黑格尔来说是莫大的敬意。在这里，让黑格尔感到不解的是人们竟然可以免费阅览群书。埃斯特哈齐是富豪们的领地，从维也纳一直延伸到土耳其边境。在这里的美术馆，黑格尔一连去了三

---

① 《黑格尔书信集》第 3 卷，汉堡：梅纳出版社 1954 年版，第 55 页。
② 《黑格尔书信集》第 3 卷，汉堡：梅纳出版社 1954 年版，第 60 页。
③ 《黑格尔书信集》第 3 卷，汉堡：梅纳出版社 1954 年版，第 64 页。

次。黑格尔每天都会给家里写信，顺便记录当天的所见。各种应接不暇的印象像焰火一样绕得他眼花缭乱，让他竟然想不起头天晚上的所见所闻。他给夫人的信中这样写道，"……我今后不得不请你来告诉我，我是如何在这里度过的"①。

　　然而，没有不散的筵席。在奥地利的首都待了两个星期之后，黑格尔不得不踏上归程。在德累斯顿，他很高兴又一次见到了维克多·库然。

　　库然是柏拉图和笛卡尔著作的出版人，是德国教授当中唯一一个能够称得上达到现代理论哲学水平的法国人。1817 年，黑格尔同他在海德，建立起了友谊。这位年轻的法国哲学家当时来到德国的目的，是为了进一步了解德国的科学。他的哲学知识仅限于对康德的了解。他在美因法兰克福认识了弗里德里希·施莱格尔和史学家施洛塞尔。他从施莱格尔那里得知，德国当代有三位伟大的哲学家，分别是雅科比、谢林和弗里斯。施洛塞尔因为想到海德堡去就职，就怂恿库然一同前往。库然原打算在海德堡滞留不超过两个小时，但当他结识黑格尔之后，在那里待了整整两天，在回家的途中，又在海德堡待了三周的时间。他并没有急着去慕尼黑找雅科比和谢林，直到 1818 年他才去了慕尼黑。至于弗里斯，则给他没有留下任何印象。在魏玛，他会见了歌德；在柏林，他会见了施莱尔马赫。然而，对他思想启发最大，让他感到最为敬佩的，当属黑格尔。库然不太精通德语，只有在卡罗韦的帮助下才能研读刚出版的《哲学全书》。他俩边沿着御花园的林荫路散步，边由卡罗韦把书上的内容口头翻译给库然听。晚上，他们就去黑格尔的家里。黑格尔边喝茶边给他们讲解不懂的

---

　　① 《黑格尔书信集》第 3 卷，汉堡：梅纳出版社 1954 年版，第 66 页。

地方。当然，不管他怎样去讲解，也难以讲清楚所有有疑惑的地方。把库然和黑格尔维系在一起的，是他俩一致的政治信念。库然曾说，世界上没有一个人的观点能够像黑格尔那样和他一致。和黑格尔一样，他对法国革命很感兴趣，也给予了高度的评价。不过，他是君主主义者和自由派，是拿破仑所说的"蓝色"。拿破仑曾用法国国旗的颜色来表明自己的政治立场。

当时，库然正陪年轻的伯罗公爵在德累斯顿旅行。数年之前，黑格尔的这位朋友因为受到法国当局的怀疑，禁止在巴黎大学授课。于是，库然利月闲余时间从事写作。黑格尔为其取得的成绩备感高兴，并热情地与他会面。

充分休息之后，黑格尔轻松地回到家里。可是，他不久之后获悉，库然被捕了。起初，大家都弄不明白是怎么回事，后来才清楚，他被萨克森的警察逮捕后，移交给了普鲁士当局，关押在克本尼克监狱，罪名是与德国大学生协会会员勾结。公诉书称，库然曾经于 1820 年在巴黎与两名德国教授和一名商人密谋颠覆活动，事发之前曾两度前往德国。这是政府的一名密探检举的，材料就保存在普鲁士内政部里。

普鲁士人习惯于把被捕者看作危险的罪犯。大家都认为，警察是熟悉他们业务的，所以最好还是不要和外国人来往。黑格尔相信政府，但同时也相信库然，因为他们已经是多年的老朋友了。黑格尔认为库然是清白的，对他的指控完全是一场误会。他觉得，自己有责任为库然申辩，所以亲自给内政大臣写信求助。信中写道，"……只要他（库然）现今还处于被告地位，还没有被判罪，那就可以相信，我早先对他……所产生的印象和敬意将不会产生变化……"①

对库然的审讯持续了四个多月，案宗达四大册，但没有一份能确凿证明库然触犯了普鲁士的法律。1825 年 2 月初，他被释放了，并于该月底撤销了对他的诉讼。库然动身前往魏玛，行囊中带着黑格尔写给歌德的信件。

一年前，歌德曾给黑格尔写了一封不同一般、满纸恭维的信。信中说，"唯愿我还能做到的一切同您已经开创和建立的一切密切相投"②。当时，黑格尔没有答复，但现在觉得有话可说了。他在给歌德的信中写道："……如果综观一下我的精神发展的全过程，就可以看出，它同您有千丝万缕的联系，因此请您把我称作您的一个儿子吧。我的心灵为了抵抗抽象化，曾经从您那里获得增长气力的营养，并在航程中以您的形象作为灯塔。"③ 这样一来，歌德便尽力给库然提供帮助，力图消除他在德国留下的不愉快的印象。

黑格尔和库然的第二次见面，是在闻名世界之都巴黎。黑格尔于 1827 年秋来到巴黎，实现了他的夙愿。

乘车经过法国的街道时，黑格尔回忆起了自己的青年时代，回忆起了当年激情澎湃地参加革命的情形。他看到了瓦尔米。当初，无裤党军队就在这里击溃了联军。歌德曾亲眼看见了这场战役，并在战场上给普鲁士的官兵们说："世界历史今天从这里开启了一个新纪元。你们可以说自己是身临其境的。"④

库然已经在巴黎等待黑格尔的到来，并让他住在了卢森堡花

---

① 《黑格尔书信集》第 3 卷，汉堡：梅纳出版社 1954 年版，第 77 页。
② 《黑格尔书信集》第 3 卷，汉堡：梅纳出版社 1954 年版，第 42 页。
③ 《黑格尔书信集》第 3 卷，汉堡：梅纳出版社 1954 年版，第 83 页。
④ 《歌德全集》十四卷集，汉堡：魏格纳出版社 1959 年版，第 235 页。

园附近一个带有家具的廉价房间。他俩一起寻访法国革命期间发生过重大事件的地方，一起参观罗浮宫、大学以及植物园，还共同游览巴黎的四郊。此外，黑格尔还瞻仰了内有历代帝王陵墓的蒙摩隆西大教堂。他还兴致勃勃地去了卢梭曾经住过的庄园，那里还有卢梭亲自栽植的玫瑰。

和维也纳一样，黑格尔到了晚上便去歌剧院。这一次让他备感兴趣的是戏剧。他观看了伏尔泰、莫里哀和其他剧作家的剧目。另外，他还观看了一个英国剧团上演的莎士比亚的一些剧目，但他对演出不太满意。他觉得歌剧虽然不坏，但是平平淡淡。在写给夫人的信中，他这样说，"（他们表演）……比我们的男女演员含蓄得多，夸张的少得多……法国人表达感情，往往比我们、特别是比你来得稳重，来得确切。我经常对你讲，你一言一行都不应当带有感情……"[1]

他从巴黎写回家的信件，缺乏当年维也纳的那种激情。黑格尔抱怨巴黎的井井有条或者杂乱无章。不过，他习惯在中午一点左右丰盛但有节制地吃上一顿。在巴黎，人们习惯于下午五点开始就餐，一直吃到傍晚时分。因为肠胃失调，黑格尔卧床数日，也就谢绝了库然邀他共进午餐的请求，并且恢复了他日常的就餐时间。

在巴黎的一个月转瞬即折。10月上旬，黑格尔在库然的陪同下离开了这里。库然一直把他送到科隆。接下来，黑格尔前往魏玛，拜访歌德。他在书信中写道，"我要向歌德详谈法国的政治和文学见解及有关趣闻，他对这一切十分感兴趣。他十分强壮、健康。总体来说，他是个年老而又永远年轻、比较沉静的人——

---

① 《黑格尔书信集》第3卷，汉堡：梅纳出版社1954年版，第187页。

这样一个体面的、优秀的、快活的首脑，以致人们忘记他还是一个富有天才和旺盛精力的伟人。重要的是，我们作为老朋友会面了，彼此非常诚挚，他的举止谈吐一点也不拘泥于礼节，我也不是为了慕名、为了提高身价才来的——歌德的儿子饭后还郑重其事地告诉我，歌德多么盼着我从巴黎归国途中能够来看望一下他"①。

关于 1827 年 10 月 18 日的这次会晤，歌德的秘书彼·埃克尔曼有过这样的描述：

"黑格尔来了，尽管他的哲学的若干成果并不特别投合歌德的口味，但还是受到了歌德本人的隆重接待，为了对黑格尔表示敬意，歌德这天晚上举行了一次茶会，策尔特也出席了，他是打算当天夜里就走的。

茶会上，大家纵谈哈曼，黑格尔更是滔滔不绝，对于那位卓越的奇才发表了十分深刻的见解，这些见解只有对其做过最认真、最严谨的研究，才能产生得出来。

接着，话题转向了辩证法的实质。黑格尔说：'从根本上说，它不外乎是人人身上都有的那种经过整理的、有条不紊的形成的矛盾精神，那种才能在辨别真伪中才见得伟大。'

歌德插话说：'但愿这种精神艺术和才能不致经常遭到滥用，不致被用来颠倒黑白，混淆是非才好！'

黑格尔答道：'不过，这样的情况只可能发生在那些精神不健康的人们身上。'

歌德说：'我喜欢研究自然，这种研究是不允许有这种

---

① 《黑格尔书信集》第 3 卷，汉堡：梅纳出版社 1954 年版，第 205～206 页。

毛病的！因为，我们在这种研究中不得不同无限的永恒的真实事物打交道，这种事物立刻就会证明那些不是诚心诚意、实事求是地观察和处理对象的人是不称职的，而将他们加以抛弃。同时，我还确信，许多辩证法方面的病患者将会在研究自然的过程中，得到有效的治疗。'"①

黑格尔和歌德两人根据事物的本质，解决了同一个理论问题：如何认识有机的整体。在关于概念具体化的见解中，黑格尔运用了辩证逻辑学的方法来寻找解决方法。根据他的观点，运动并向其对立面转化的范畴体系，可以让人理解自身发展着的有机体。歌德则是通过另外一种可能性。根据他的"原始现象"说，人们可以在个别中发现一般，在现象中发现本质。虽然带有感性的特点，这种发现要比简单的感知深刻得多。

有一次，歌德给黑格尔赠送了一只波西米亚玻璃做的黄色酒杯，里面放有黑色的丝织品。在阳光的照射下，杯子呈蓝色。歌德认为该现象证明了其颜色学说的正确性。他在随杯子送给黑格尔的名片上这样写道："原始现象向绝对精神致意。"②

---

① 《歌德和埃克尔曼谈话录》，第 374～375 页。
② 《黑格尔书信集》第 2 卷，汉堡：梅纳出版社 1953 年版，第 258 页。

未尽的故事

　　黑格尔五十六岁的生日过得非常热闹。往年，他的生日只是在家里过，头一天的午夜开始庆祝。这一年情况有所不同。夫人7月份就带着孩子去了纽伦堡娘家，所以家里就剩黑格尔一个人。朋友们于是决定好好给他过一下生日。8月26日晚，他们在勃洛赫赌场玩了半夜惠斯特，等守夜人告诉他们新的一天已经降临之后，他们开始举杯，庆祝黑格尔的生日。

　　上午，黑格尔开始迎接道贺的客人。朋友、熟人、官员们络绎不绝。警察总监兼枢密顾问冯·坎普茨的驾临可谓让他的生日庆祝活动达到了高潮。午饭之后，黑格尔稍事休息，以便有精力对付晚上的应酬活动。生日宴会设在一家刚落成的饭店，参加宴会的有他的学生弗尔斯特、甘斯和霍托，作曲家卡尔·弗里特里希·策尔特，艺术家勒泽尔等二十余人。在座的有一位黑格尔不认识，马上有人给他介绍说那是雕刻家维希曼教授，受委托来给他雕一座半身像。两个月之后，雕成的半身像送到了歌德那里，放在了歌德的办公桌上。当晚祝寿的还有大学生代表团，他们奏着乐前来祝贺，还送给黑格尔一只银杯。代表团的团长讲话之后，黑格尔致了答词。接下来是朗诵贺词。午夜钟声敲响之后，又一次响起欢呼之声，因为 8 月 28 日又是歌德的生日。一时间，吟诗声、祝酒声，混成一片，都在为歌德和黑格尔献上祝福：

"一尘不染，与世无争，情同手足，浑然一身……"①

《福西报》就这两位德国伟大天才的生日盛况做了详细的报道。一些小肚鸡肠的人抓住把柄，把报纸送到了国王那里，说诗人学者受到这样的礼遇，让国王的尊严受到了损害等。于是，报刊检查局奉命加强监督，此后凡是与王室和政府无关的喜庆之事，一律禁止在报刊上大肆渲染。这对黑格尔来说是无所谓的，因为这样隆重的庆贺不会再有了。

因为他的学生甘斯办事利落，策划的《科学评论年鉴》出版了，让黑格尔的愿望得以实现，也算是他五十六岁生日的最好礼物。

1825 年年底，甘斯在巴黎认识了斯图加特的出版商科塔，说服他出钱办一份新杂志。为了提高这份杂志的影响，决定将其办成一份科学团体的机关刊物。1826 年 7 月 23 日，在黑格尔的家里成立了"科学批判社"，该社团下设哲学、自然科学和历史语言学分组，甘斯任干事，同时负责主持该社团和杂志的秘书工作。

经商议，大家认为书刊评论要具科学性，避免临时凑数。该刊物的宗旨是按照最新科学成果研究最现实的问题。要求每篇评论得有作者署名，并经过该社团审定后方可发表，以达到具有示范性的目的。一直以来，黑格尔梦想在首府和大学里刊印一份这

---

① 《黑格尔书信集》第 3 卷，汉堡：梅纳出版社 1954 年版，第 402 页。

样的评论性刊物。该份刊物虽然是私人创办的，但看上去又像一个为民造福的政府机构。黑格尔希望把评论作为向当局献策的一种方式，这当然是普鲁士的作家们不能小瞧的。

"科学评论社"想把持各种信念的人聚集起来。参加该社团的，除了黑格尔及瓦尔恩哈根·冯·恩泽外，还有歌德、里特尔、W. 冯·洪堡、A. W. 施莱格尔、博瓦塞雷、劳麦等。然而，当提到邀请施莱尔马赫加入时，黑格尔怒不可遏，说如果施莱尔马赫加入，他就退社。这样一来，邀请施莱尔马赫一事便未再提起。然而，就刊物的事，一时间谣言四起，说有一份《黑格尔报》马上出版。报界称，即将要出版的期刊是反对科学自由的，原因是它只维护迎合国家要求的学说；还说，黑格尔主张科学隶属于国家，反对科学和政权机关并驾齐驱；又说，这份刊物有国家做后台；还有的说，让作者署名是压制言论自由等。路德维希·别尔内还散发了一份小册子，列举了许多反对刊物发行的理由。他把矛头指向了评论的示范性质，认为有以检查法取代科学批判的危险，同时反对把批判置于国家理性之下。这样一来，新刊物有面临夭折的危险。

没料想，一切进展顺利。1827 年 1 月，《科学评论年鉴》终于出版了。直到去世之前，黑格尔一直都负责这个刊物。在第 7、8 期中，黑格尔全面评述了威廉·冯·洪堡的《论〈摩诃婆罗多〉的著名诗篇〈薄伽梵歌〉》一书。该书评的最后部分刊登在 10 月份的一期《科学评论年鉴》上。

著名语言学家、古代文化专家及柏林大学创始人洪堡兄弟中的大洪堡在 1826 年发表了一部著作，主题是探讨印度哲学，其中阐述分析了《薄伽梵歌》中一个劝世性的篇章。相传，阿周那的元帅坚战王临阵犹豫不决，放下武器，向克里什纳神请教生的意义。接下来，18 首赞歌阐释了瑜伽派的宇宙观。克里什纳神说，是人的活动束缚了人自己，所以必须努力摆脱这种束缚。但是，人如果不得不活动，那么活动的目的不应是为了活动某样成就。义务的履行必须为了义务本身。从信仰上说，洪堡属于康德派，他不但熟悉而且七珍视这些思想。黑格尔欣赏他的这部著作，并且按照自己的理解将印度哲学阐述了一番。黑格尔称，印度哲学不同于现代思想，只不过属于历史的趣味而已。

当然，作者威廉·冯·洪堡对这篇文章深表不满。在 1828 年 3 月，洪堡写道："它（黑格尔的评论）把哲学与寓言、真与假、古与今混为一谈——这算哪门子的哲学史？整篇文章虽然闪烁其词，但可以看出是针对我的，而且认为我什么都可以算得上，唯独没有资格做哲学家。"[1] 然而，在写给黑格尔的信中，他写的又是另外一回事。信中感谢黑格尔为该书所做的详尽分析，并祝贺《科学评论年鉴》的出版。洪堡并不想挑起争论。

1827 年春，威廉·冯·洪堡的弟弟亚历山大·冯·洪堡到达柏林。多年海外游历之后，这位自然科学家终于重返家园。国王降诏每年赏其 5000 塔拉，并让他在巴黎度假四个月。小洪堡是科学院的革新派、自然科学家格奥尔格·福尔斯特的学生，也是他的朋友。他走遍了南美各国，就连歌德，也对他渊博的学识和广泛的兴趣备感惊叹。他在社会各阶层深孚众望。当年秋天，他开始做自然地理学免费讲座。讲座大厅座无虚席，听众有大学生和教授、艺人和部长，就连国王也亲自驾到。听众当中大部分是女士，其中包括黑格尔的夫人，但黑格尔本人从来没有去过。

小洪堡演讲中的世界地理，蔚为壮观、富含诗意、令人赞

---

① 《黑格尔书信集》第 3 卷，汉堡：梅纳出版社 1954 年版，第 406 页。

叹。他畅谈宇宙和地球、稀有矿物和异国植物，娓娓道来，让听众了解了科学史和现代科学的理论与实践。他的演讲中，第六讲是针对思辨哲学的。他不赞成对该哲学做实证主义的攻击，对德意志唯心主义好为人师的态度极为反感。对于黑格尔把自然界贬低为一种消极因素的观点，他是断然不能接受的。虽然在演讲当中没有指名道姓，但他却提到了一种"既无学识、又无经验的形而上学"，说它可能会引发比中世纪的形式主义更为狭隘的形式主义。黑格尔听说之后，极为恼怒。他通过洪堡的朋友瓦尔德哈根·冯·恩泽给他带话，让他把话说清楚。和他的哥哥一样，小洪堡也不想把事闹大，于是想出了一个巧妙的办法。他把准备好的讲义寄给了瓦尔德哈根，并暗示是给黑格尔看的，黑格尔拿到讲义之后，仔细读了一遍，没有看到任何贬损之意。原来，洪堡偷梁换柱，把第五次而不是第六次的讲义转交给了黑格尔。这一点黑格尔万万没有料到。

大学里总是免不了明争暗斗。1827 年 1 月，黑格尔的得意门生霍托申请授课资格。他在考试论文《论艺术史的诸原则》中，复述了老师的观点。黑格尔非常满意，立即写了一份推荐书。没料到，论文没有通过。美学家希尔特说，他花了三个小时来读霍托的论文，但一句话都没有读懂。而且，霍托还大肆攻击了佐尔格教授，让好多人愤愤不平。佐尔格在黑格尔来普鲁士首都任职一事上帮过忙，黑格尔来柏林一年后他就离世了。校长对系委员会的冷嘲热讽做了总结，说系里不会容忍一位二十来岁的温室花朵来教育十八岁的温室花朵的。霍托还没等他们做出全盘否定的结论，就撤回了自己的论文，并于三个月之后重新提交了一篇论述赫拉克利特的新论文。这一次，论文通过了，他获得了授课资格，而且后来证明他的课讲得非常成功。

推荐霍托一事受阻之后，黑格尔亲自认真研究佐尔格的遗作。在《科学评论年鉴》上刊登了他的第二篇评论。主题是评论这位早逝的科学家的遗著和书信。他恭敬地介绍了佐尔格，并指出了他和浪漫主义者、特别是和他的朋友弗里特里希·冯·施莱格尔思想之间的不同。

弗里特里希·冯·施莱格尔曾援引苏格拉底的观点，试图把讽喻作为哲学的中心概念，让"科学之科学"失去积极、通俗易懂的内容。他曾写道，'（讽喻）……含有并唤起这样一种感觉：无限物和有限物之间、不可能性和必然性之间存在着难以调和的矛盾……这一点绝妙地表示出，主张和谐的傻瓜根本不知道自己不得不永远承受这样的自我嘲弄，不得不一再将信将疑，给弄得晕头转向，从而把正经当成玩笑，把玩笑当成正经"[①]。该观点只能引起黑格尔的极度愤怒。黑格尔说"他素来只会对它（哲学）评头论足，却说不出……哲学上的所以然来……"[②] 施莱格尔听了之后，当然也不会高兴。奥古斯特，也就是他的哥哥，专门写了一首打油诗，拿这两位见面就唇枪舌剑的巨匠来取乐：

"……

快快来呀，德国人，打起铺盖卷儿，

从塞尔赶到普累盖尔！

来瞧施莱格尔厮打黑格尔！

来瞧黑格尔厮打施莱格尔！"[③]

---

① E. 贝勒主编，安斯塔、艾希纳参订：《弗里德里希·施莱格尔著作评注》第 2 卷第 1 章，苏黎世 1967 年版，第 160 页。

② 格罗克纳本：《黑格尔全集》第 20 卷，斯图加特 1958 年版，第 161 页。

③ 恩斯特·贝勒：《弗里德里希·施莱格尔的自白及图片》，汉堡：罗沃尔特出版社 1966 年版，第 166 页。

在评论佐尔格的文章里，黑格尔特别指出，施莱格尔的嘲讽与苏格拉底的嘲讽并无共同之处。前者是消极的、虚无主义的，而后者则是积极的、探寻真理的。佐尔格的嘲讽也是如此，它同辩证的理性相符。虽然没有使他的思想摆脱矛盾性，让其有条不紊地发展，但他阐述哲学的风格和对艺术的态度，有助于和浪漫派划清了界限。

1828 年，《科学评论年鉴》又刊登了黑格尔对约翰·格奥尔格·哈曼全集的书评。这是一篇对德国启蒙时期最为引人注目的人物之一的短小精悍的专论。作为作家和思想家的哈曼，丝毫不懂精密科学与系统知识。他既引起了黑格尔的兴趣，同时又让他反感。黑格尔赞赏哈曼著作中的辩证法思想，但是，哈曼是一位非理性主义者，这就让黑格尔感到敬而远之了。他说，"他的哲学推理，或者不如称作他的感觉和意识之神出鬼没的幽灵"并无细心推敲的精神形态，其思想也并不需要科学性。他的语言晦涩难懂，对世界的主观见解掩盖了客观结构。他认为哈曼所使用的是倾向诡辩的辩证法。

哈曼的女儿读了黑格尔的文章之后，怒不可遏地给他写了一封信。信中说："您对我父亲吹毛求疵，夸大他的缺点，歪曲他的崇高形象，让他在大庭广众之中出丑，让我真有说不出的惊愕和痛苦。您简直像个居心叵测的强盗，在我没有防备的情况下闯进我青春梦想的天堂，存心想把它给毁掉。虽然对您来说得逞于一时，对我却痛苦万分。我恨不得像父亲一样能说会道，痛斥您的暴行，以解我心头之恨！"[①] 对于这封信，黑格尔并没有回复。今天也难以判断这封信黑格尔是否真的收到了，或者就根本没有

---

① 《黑格尔研究》第 1 卷，波恩：博维尔出版社 1961 年版，第 95～96 页。

寄出。在黑格尔去世之后出版的通信集里也没有将其收录，直到
20 世纪初才为人所知。

事实上，黑格尔的书信往来往往是另外一种情形。除了朋友
之间的书信之外，其他写信者大都是一些向他请教，或把著作或
论文送给他，让他指正的年轻科学家。1828 年 11 月底，黑格尔
收到了一封来自安斯巴哈的信件，附有一篇拉丁文写的论文《论
唯一的、普遍的、无限的理性》。这是一篇经过答辩的博士论文，
作者为路德维希·费尔巴哈。他曾在柏林充满激情地听过黑格尔
的演讲。在他眼里，"他就是……我当时称之为再生之父的那个
人。他是唯一让我体会到并理解到'老师'的定义的人，因此，
他是我感到……唯一应当致以诚挚的谢意的人"①。

费尔巴哈信中希望黑格尔能严格指正他的论文，并毕恭毕敬
地提出了黑格尔的宗教哲学基础诸原则继续发展的问题。他说，
当前最迫切的是克服千百年来的陈旧观念，如宗教真理。他认
为，基督教绝不是完美、绝对的宗教，它的有限性和虚无性已被
大家所知，一切将会变成理念及理性。当然，费尔巴哈这些初期
批判性观点，不可能为黑格尔所理解，所以也就没有得到任何
答复。

不过，黑格尔对他收到的另一篇论文表现出了更多的兴趣。
这部匿名出版的作品叫《与基督教信仰认识相关的绝对知与无知
片论》。作者是汉堡法院法官，与黑格尔从未谋面，但把黑格尔
的哲学思想确切地应用到了宗教领域。在《科学评论年鉴》上，
黑格尔发表了一篇评论，对这部作品非常赞许。他说，"即使看

———————

① 卡尔·格吕恩：《路德维希·费尔巴哈哲学性格的发展》第 1 卷，海德堡和莱
比锡 1874 年版，第 387 页。

上去有自我偏爱之嫌，也不能不怀着喜悦的心情来肯定这篇论文的内容及其对真理已做和即将要做的贡献，最后更因该文特别有助于思辨哲学，而希望与素不相识的作者先生握手致以谢意"①。后来，当问及哪一部著作表达了他的宗教观，黑格尔的回答便是格舍尔的《与基督教信仰认识相关的绝对知与无知片论》。

几乎在格舍尔的这部著作出版的同时，还出版了另外一部匿名作品《论黑格尔学说，或绝对知识与现代泛神论》。书中谴责了黑格尔，说他既自大又自卑。说黑格尔批判天主教教会，说明他目中无神，瞧不起神表明瞧不起他自己。黑格尔曾在《法哲学》中表示，人有自戕和自残的能力，这是人和禽兽相区别的标志之一。该书的作者便把他的这一思想说成是与基督教教义互不相容的"自戕和自残"。

这种站在天主教的立场对黑格尔发出的攻击已经不是第一次了。三年之前就有人到文教部说黑格尔公开诽谤天主教。起因是黑格尔曾在一次演讲中讲了一个笑话，说如果一个耗子吃了圣饼，就有了主的肉身，因此就该受人朝拜。他的好友枢密顾问舒尔茨奉命前来调查此事。黑格尔做了书面声明，说自己既然是在新教大学里授课的路德派，就有责任揭露天主教的偶像崇拜迷信。舒尔茨对此解释表示满意。黑格尔还在大学生面前做了同样的口头声明。当时，告密者就坐着大学讲堂里，咄咄逼人地看着黑格尔。黑格尔说："您就是这样瞧着我，我也不怕。"结果对方在众目睽睽之下离开了。

接下来该轮到黑格尔出击了。在《科学评论年鉴》上，他发表了一篇评论该部作品的文章，说书中的指责是恶意中伤，目的

---

① 格罗克纳本：《黑格尔全集》第20卷，斯图加特1958年版，第313页。

是想通过牺牲黑格尔的著作来取得一种寄生生活。可是，迄今为止，还没有见到哪个寄生虫对施主感恩的先例。

黑格尔还傲慢、尖刻地指出，该书作者修改了他的思想，不但没有真正辩证地理解，而且将它丑化、曲解了。在结尾，他写道，"……我竟然不得不同这样的无赖打交道"①。

在同一篇文章里，黑格尔还驳斥了另一部诽谤他的著作《泛论哲学并专论黑格尔哲学全书》。该书两个作者中有一个叫舒巴特。黑格尔曾应歌德的要求帮助过他，没想到他竟然公开诽谤和污蔑自己的恩人。舒巴特特别指出，黑格尔否定灵魂不灭的观点。据说，该书在谈到人的寿命的心理学时，只字未提死或不朽的内容。难道黑格尔会相信自己的肉身升天吗？或者说，他会相信自己像流浪的犹太人一样万劫不复吗？黑格尔非常粗暴地回答："舒巴特像煞有介事地以虔信基督教自夸，同时含沙射影，恶毒陷害，以至显得荒诞可笑，他的做法即使称不上卑鄙，但也够恶毒的了，只能叫人掩鼻而过。"②

他们之间的笔墨官司在1829年打了整整一年。不过，对黑格尔而言，一切还算不错。该年秋天，他打算再次出游。像以前一样，黑格尔及时递交了一份补助申请，同时还提醒阿尔腾施泰因，提薪一事虽已应允，但至今尚未兑现。信里还提到了一直将其拒之门外的科学院。科学院虽然受国家资助，但有相对的独立性。和大学不同的是，这里没有政府的全权代表，也没有向政府负责的院长，其行政管理的职责由各部门的秘书轮流承担。施莱尔马赫和亚历山大·冯·洪堡对人员任命起着关键作用。11年以

---

① 格罗克纳本：《黑格尔全集》第20卷，斯图加特1958年版，第362页。
② 格罗克纳本：《黑格尔全集》第20卷，斯图加特1958年版，第393页。

来，阿尔腾施泰因一直都在为黑格尔进科学院而不懈地努力着。虽然科学院非常尊敬阿尔腾施泰因，但在重大问题的决策上依然依据自己的意见。1830年，就黑格尔进科学院的问题进行了最后一次讨论。当时施莱尔马赫已经和黑格尔修好，同意接纳黑格尔为科学院院士。然而，这次全体会议上，物理学家和数学家对黑格尔持反对意见。因为他们的意见举足轻重，所以黑格尔最终未能成为普鲁士科学院院士中的一员。

在黑格尔提出给他的承诺仍旧没有兑现时，阿尔腾施泰因不得不对他进行安抚，给他批准了一笔差旅费。1829年年底，黑格尔启程前往布拉格，在那里住了几天之后，又去了卡尔斯巴德。这是一个疗养胜地，当时已经远近闻名。出于好奇，他在那里虽然没有洗澡，但是饮用了那里的矿泉水。令他意想不到的是，谢林也刚好在那里接受矿泉治疗。黑格尔听说后马上去找他。黑格尔的到来也让谢林喜出望外，他们一起共进午餐，共同到附近的山岭游览，他们谈天说地，谈政治，谈其他，唯独不谈哲学。在回国途中，黑格尔在魏玛稍作逗留。在这里，他和歌德见了最后一面。

当年10月，黑格尔当选为学校校长（校长每年从大学的教授中选举一次）。政府还依据卡尔斯巴德决议，委派黑格尔担任大学里的政府全权代表。他是第一个同时担任这两个职位的人。可以看出，除了阿尔腾施泰因，普鲁士国家保安机关对他也十分信任。

10月18日，按照惯例，黑格尔用拉丁语做了就职演说，其主题是大学的自由。黑格尔说，大学是宇宙的一面镜子，是一个社会，一个有自由、有纪律的"国家"。大学的纪律是我们自己制定的，是为事业献身的那种纪律。大学里的教学自由与人生意义的发扬光大，是其他所有自由的楷模与源泉。大学自由绝不是盲目听命于权威，同样也不是在言行上采取无根无据的相对主义。大学根植于真理的基础之上，并且以真理为最终目的。大学是把理论与实践、宗教与世俗、人类生活中的普遍因素与个别因素统一在一起的实体。

1830 年 6 月 25 日，黑格尔以校长的身份，用拉丁语做了一次演讲。当天是宗教改革三百周年纪念日。在这次演讲中，黑格尔讲了新教如何消除天主教在人和上帝之间所设的鸿沟，获得宗教自由。年近花甲的黑格尔再一次称赞路德教派是宗教意识发展的最高阶段。

为了庆祝他的六十大寿，黑格尔的学生特意定制了一种纪念章，正面是他的侧面像，背面是一幅象征画，画正中是守护神，右边是一个手执体现宗教信仰十字架的女性，左边是一位埋头读书的老人，老人头顶上是一只象征智慧的猫头鹰。据传，这幅画的真谛是信仰和智慧的结合。

除了歌德表示不满之外，这枚纪念章在黑格尔的朋友当中很受欢迎。歌德在写给策尔特的信中说，"我简直说不出黑格尔纪念章的背面是如何使我反感。谁知道他是什么玩意儿！我作为一个人，一个诗人，是懂得尊重十字架、歌颂十字架的。这一点有我的诗句为证。然而，一个哲学家，带着他的学生，在本质与非本质的有理与无理这些问题上，拐弯抹角地走了一段弯路，最后把他们引向这样一个枯燥无味的图案，我是并不以为然的"①。这种想把哲学和神学调和起来的意图，永远会遭到诗人歌德的反对。歌德对黑格尔关于神的证验的演讲是极为不满的，原因是他

① 《歌德书信集》十四卷集第 4 卷，汉堡：魏格纳 1967 年版，第 469 页。

认为哲学和宗教二者是风马牛不相及的。

1831 年 1 月，黑格尔获得国家三级红鹰勋章。当时他虽已卸任校长之职，但该项荣誉肯定了他在任期间的成就。他在任校长以来，尽管法国正酝酿并且爆发了七月革命，但柏林大学没有发生一起反政府案件。期间，只有一名大学生因佩戴法国帽徽而遭监禁。后来证实是这个学生弄错了，他以为自己戴的是德国徽章。另外，有 12 名大学生在不准吸烟的场所吸烟，3 名决斗，15名斗殴，30 名扰乱秩序。然而这些违反纪律的行为，都与政治无关。虽然有些遭到警方的干涉，但是没有引起任何严重后果。只有 14 名学生被关了禁闭，但没有一个被开除。可以看出，黑格尔没有辜负当局对他的信任。

晚年的黑格尔，对现实的政治问题又产生了很大的兴趣。他在一份书信中承认，自己对政治的兴趣几乎超过了其他一切。黑格尔在去世前不久出版的最后一部重要著作是《论英国的改革法案》。当年，黑格尔在评论符腾堡邦议会议员的文章里，攻击了那些维护成就法律和特权的人，可如今他却站到了选举改革反对者的一方。黑格尔对英国的局势表示出担忧。他说，英国国内贫富悬殊，选举改革将会导致政治斗争的激化，对英国十分不利。君主的势力还很软弱，难以在明争暗斗的各党派中间起到调和作用。他在这部可以称之为政治遗著的结尾写道，"人民则将成为另一种力量。而一个建立在迄今还不知道议会为何物的基础上的反对派，如果在议会里面对敌对党派感到无能为力的话，可能就会导致误入歧途，到人民中间去寻找力量，结果就会引发一场革命，而不是改革"①。

---

① 格罗克纳本：《黑格尔全集》第 20 卷，斯图加特 1958 年版，第 518 页。

1831 年夏，柏林霍乱猖獗一时。黑格尔举家迁往克洛依茨贝格。他们没有回到柏林，连他六十一岁的寿辰也是在城外的"提沃利"剧场办的。因为当时许多人都被霍乱吓坏了，纷纷逃离首都柏林，所以前来道贺的朋友寥寥无几。大家还没有在咖啡桌前坐稳，就来了一场突如其来的暴风雨，让大家抱头四散。这显然不是一个好兆头。

当年夏秋两季，黑格尔忙于《逻辑学》的再版。他对这部著作，除了没有根本性的改动之外，加了许多增补和修订。1831 年11 月 7 日，写完新版序言，他想起柏拉图在撰写《论国家》一书的时候曾七易其稿。一位现代作家，倘若有更深刻的原则、更艰难的主题、更丰富的题材，那么他一定得把稿子改上七十七遍才行。这么做，时间当然是不够的。试问，在如此熙熙攘攘、忙忙碌碌的世界里，有谁能有充裕的空间，从事这无动于衷的纯思维的认识活动呢？黑格尔只能在这样的条件下完成自己的著作，所以他便心安理得地将其出版了。

当时，黑格尔已经返回柏林。霍乱逐渐平息，大学也已复课。黑格尔宣布自己在第二学期开设两门讲座：法哲学和哲学史。可是，当他走到系里的时候，发现甘斯出了一份开讲普通法律史的布告，上面还建议学生去听黑格尔的讲座。其中的原委是这样的，黑格尔已经好几年不讲法哲学了，他把这门课教给了学生甘斯。然而，上面对甘斯感到不满，说他"……把所有学生都给教成了共和主义者"①。于是，文教部要求这门责任重大的课程应该由黑格尔亲自承担。1830 年，黑格尔宣布和甘斯同时开课，

---

① 库诺·菲舍尔：《黑格尔的生平、著作和学说》第 2 部分，达姆斯塔特出版社1963 年版，第 1233 页。

结果却只有 25 名学生选课，所以他便借身体健康的缘故放弃了，并改由米西勒来讲授。现在，黑格尔重新宣布开设法哲学这门讲座。甘斯怕头一年的情形再一次出现，于是劝告学生们去听他的老师的课。然而，黑格尔觉得他的做法十分恶劣，于是给甘斯写了一封信，内容如下："最尊敬的教授先生，您想出了这一样一个办法，出一份通告，把我们之间的竞争公布在学生面前，并擅自向他们推荐我的讲座。这显然就会让同事和学生们产生误解，以为您的通告和推荐（虽然没有引用我的原话，但一眼就能看出）是我所希望的，而且是由我引起的，以为我也赞成您这样做。您的这个办法在我看来只能称为歪主意，它造成了一种假象，让我非常难堪。我觉得也应该出一份通告来澄清一下事实真相。不过，为了尽量使认识我的人别把它算在我的头上，同时又不想让您处于新的尴尬境地，我自己的那份通告就不出了，而只写上您的这封信，以表明我自己的看法。"① 这封信的落款是 1831 年 11 月 12 日于柏林。一天之后，黑格尔便离开了这个世界。

11 月 13 日（星期日），黑格尔一大早就感到不适，胃痛呕吐。应邀前来共进午餐的客人只得回家。医生没有诊断出什么危险，说这样的发病情况以前也是有的。到了夜里，黑格尔难以入眠，他的夫人在写给妹妹克里斯蒂安娜的信中这样说，"他在床上难受得翻来覆去，还一再恳求我去睡觉，让他一个人折腾。我没有走开，仍旧坐在他的床边，帮他把被子盖好。他的胃痛已经不是一般常见的那种疼痛了，'而是到了和牙疼一样不可救药的地步，痛起来简直坐立不安'——星期一早晨他想起床，我们就把他扶到了隔壁的起居室，但他的身体实在是太虚弱了，还没有

① 《黑格尔书信集》第 3 卷，汉堡：梅纳出版社 1954 年版，第 355～356 页。

走到沙发跟前，就差点瘫倒在地。我叫人把他的床拖了过来，大家把他抬上了床，盖上暖烘烘的被子。他不断地埋怨自己弱不禁风。这时，疼痛和呕吐已经完全消失，他甚至还说：'但愿今晚能好好消停一个小时。'他说需要安静，叫我别再接待来客。我想摸摸他的脉搏，他便深情地握住我的手，仿佛要说，放心吧——医生大清早就来了，还是和前几天一样，让在下腹敷上芥末膏（我头天晚上还给他放上了水蛭）。上午他因排尿困难，憋得都哭了。不过，他还是安静了下来，体温不太高，汗也不多，神智十分清醒，我原以为不会有什么危险的。第二次请来的医生霍恩博士，给他全身敷了芥末膏，随后盖上在甘菊煎剂里浸过的法兰绒巾。这一切并没有让他感到烦乱。三点钟左右，他气喘了一阵，接着就安详地入睡了。但是，左半边脸已经冰凉，两手也变得又紫又冷。我们大家在他床前跪了下来，此时他奄奄一息。"[①] 五点十五分，黑格尔与世长辞。这也是 115 年前，莱布尼茨逝世的日子。

根据医生的鉴定，黑格尔死于一种症状不明显的霍乱。该诊断连黑格尔的夫人也表示怀疑。现在大家趋向于同意黑格尔夫人的看法：他很有可能是死于胃病的恶化。这也是早就可以看得出来的。认定他死于霍乱的原因是当时柏林霍乱流行。听到他去世的噩耗，朋友们纷纷赶到他家。黑格尔并没有像其他瘟疫的受害者一样，被葬在特殊的墓地。当然，这让主持公葬的柏林警察局局长颇感不快。

黑格尔的葬礼于 11 月 16 日举行。校长马尔海内克在大学礼堂里致了悼词。大学生们列队护送他的遗体前往墓地。在墓地，

①　卡尔·罗森克兰茨：《黑格尔传》，柏林 1844 年版，第 422～423 页。

校长先生又一次致辞。黑格尔的墓地位于现代柏林市中心，他的旁边是费希特和布莱希特。

黑格尔的夫人比丈夫多活了 24 年。他们最小的儿子伊曼努尔在教会供职，后来成了勃兰登堡宗教法庭的庭长；次子是当时著名的中古史学家，一直活到 20 世纪初。

然而，他们的长子路德维希生活非常凄惨。他是个私生子，四岁起便由书商弗罗曼的妹妹索菲·博恩靠养老金养大。弗罗曼和黑格尔的弟弟格奥尔格都是路德维希的教父。他所受的教育让他懂得了"待人接物"。在耶拿，大家都称他为"小黑格尔"。歌德还专门给他写过一首诗："识尔尚孩提，童心迎世界；愿尔历世途，相逢尽青睐。"① 十岁的时候，父亲把他带到了海德堡。和黑格尔的其他孩子一样，他在柏林的一所法国文科中学上学，成绩优异，而且很有语言天赋。黑格尔为儿子的成绩和勤奋备感高兴。可是，后来不知何故，路德维希十五岁时便辍学了，在斯图加特一个商人那里去当了学徒。这个本来多愁善感的孩子，变得愈加孤苦伶仃、郁郁寡欢了。关于父子关系的恶化，有两个版本。一种说法是那位商人丢了八枚银币，说是路德维希干的。黑格尔便宣布路德维希不配黑格尔的姓，让他改姓已故母亲的姓；另一种说法是来自路德维希写给父亲的信。信中说，"我本希望得到慈爱和教育，但从耶拿来到海德堡之后，这个希望完全变成了泡影。且不说我的父亲——现在我已不再叫他父亲了，就说我的继母吧，她自己有两个孩子，对外的态度就可想而知了。我对父母谈不上什么爱，成天生活在恐惧当中。在这种环境里，势必会引起不断的摩擦，长此下去总不是事。在柏林的时候，因为孤

---

① 《黑格尔书信集》第 4 卷，汉堡：梅纳出版社 1954 年版，第 123 页。

立无援，所以我才没能离家出走。但凡有一个伙伴，我早就远走高飞了。我的思想和性格在那里已经定型，我酷爱语言，我的拉丁文和希腊文在整整半个学年中在班上名列前茅。我多想学医啊！但是，事实告诉我，这只能是痴心妄想，我只配做个商人！可我在那儿待不下去，因为我生来就不是干这一行的。人家说，如果不安心，就不再照顾我了——果不其然，又一次眼见就要离开斯图加特了，只是每当事到临头，我又泄了气。这一次，我再也受不了店伙计们的虐待，再说，老板是个鼠目寸光、气量狭小的人，逼得我和他大吵了一架，辞职不干了。经过一番周折，终于离开了那个地方。黑格尔先生通过老板正式宣布和我脱离关系，从此再也没有给我写过信。我从美因兹给他写了一封诚恳的告别信，这是他从我这里收到的最后一封信。我们的关系就此决裂了……"①

路德维希十八岁时应征入伍，前往印度尼西亚服役六年。黑格尔一直没有打问儿子的音讯。1828 年，他的学生荷兰高级官员梵·格尔特写信给他，"获悉令郎在为荷兰服役，现驻巴达维亚（现在的雅加达）。我欲助其一臂之力，苦于不知他的具体情况。为勿失良机，敬请告知所属部队及需要帮助事项，定当尽我所能"②。黑格尔没有答复。不幸的是，服役期满之后，路德维希得了疟疾，1831 年父亲去世两个半月之后他也离开了这个世界。

黑格尔的大儿子就这样离开了人世。不过，黑格尔以另外一种精神途径留下了和他联系的纽带。黑格尔去世后不久，他的包括讲演录在内的十八卷集出版了。宗教哲学讲演录是由马尔海内

---

① 《黑格尔书信集》第 4 卷，汉堡：梅纳出版社 1954 年版，第 128～129 页。
② 《黑格尔书信集》第 4 卷，汉堡：梅纳出版社 1954 年版，第 234 页。

克编订的，美学讲演录是由霍托编订的，哲学史讲演录和历史哲学讲演录是分别由米西勒和甘斯编订的。他们与格舍尔和欣里希斯一道，组成了所谓的"老黑格尔派"小组。这些人都是黑格尔一手培养起来的学生和朋友。格舍尔和欣里希斯两人以保守的观点力图完全用新教的正统观念解读黑格尔的学说，被称之为"右翼"。他们把哲学和宗教相等同，把绝对理想看成上帝，用神圣的三位一体取代了三段论法。

然而，在德国精神领域占统治地位的黑格尔哲学却孕育着各种新动向。黑格尔去世四年之后，出版了戴维德·弗里德里希·施特劳斯的《耶稣传》。该书再版数次，对当时影响极大。施特劳斯通过从历史的角度探本寻源，得出的结论是：福音书不可信，其中关于耶稣事迹的说法都未必可靠；而且由耶稣创造的所谓奇迹是不可能发生的。然而，福音书的故事并非有意编造，而是神话创作。神话创作比无边无际的幻想要好。神话是民族或教区集体无意识创作。在施特劳斯的著作里，黑格尔关于民族精神实体的学说得到了又一次体现。

《黑格尔传》标志着"左翼"黑格尔派或"青年黑格尔派"运动的开始，它和官方的黑格尔传统完全决裂了。他们是无神论者和共和主义者。它的代表人物是布鲁诺·鲍威尔，他对基督教的批判比施特劳斯有过之而无不及。他认为，福音书中的故事纯属作者杜撰。施特劳斯的错误在于将"实体"绝对化，并没有让精神上升为"自我意识"。民族本身不能直接从其实体中创造什么，而只有个别意识才能给思想作品赋予形式和内容的规定性。

在宗教问题上，大家争论不休。但神学的实质乃是哲学问题。那么，福音书的故事是如何来的呢？到底是通过教区无意识的口头神话流传而来，还是福音书的作者想象出来的呢？这一问题最后延伸成了世界万史基本的有效力量是"实体"还是"自我意识"？是民族文化还是批判思维的人？

鲍威尔是一位无神论者，他写过一些很有才华的反宗教小册子，来嘲笑教会向反基督的黑格尔发起的斗争。然而，他的思想没有脱离唯心主义的窠臼。在他的笔下，黑格尔哲学常常带有费希特的特色，争论也没有跳出唯心主义的界限。

1841 年，有一本书的出版使唯物主义作为哲学恢复了本来的面目。后来，恩格斯这样写道："自然界是不依赖任何哲学而存在的。它是我们人类及自然界的产物本身赖以生长的基础；在自然界和人以外不存在任何东西，我们的宗教幻想所创造出来的最稿存在物只是我们所固有的本质的虚幻的反映。魔法被解除了；'体系'被炸开了，而且被抛在一旁，矛盾既然仅仅只存在于想象之中，也就解决了——这部书的解放作用，只有亲身体验过的人才会想象得到。"① 这本书就是路德维希·费尔巴哈所著的《基督教的本质》。

三年之后，《德法年鉴》发表了卡尔·马克思的《黑格尔法哲学批判导言》一文。马克思在文中断言，在德意志，宗教的批判已告结束。他认为，哲学最为迫切的任务就是将天上的批判转向尘世的批判，将对宗教和哲学的批判转向法和政治的批判。他认识到了政治革命的必要性，并指出无产阶级是唯一能够实现这一革命的物质力量。此后，黑格尔思想遗产的命运就和辩证唯物主义的历史联系在了一起。

在结束之际，有必要对这位伟大的哲学家做一总结。

黑格尔最大的成就是历史感和历史方法。真理和世界一样，

---

① 《马克思恩格斯全集》中文版第 21 卷，第 313 页。

是一个进程。辩证法认为，在现实和对现实的认识中，永恒不变的现象是不存在的。

矛盾是运动的源泉。统一体处在分裂状态当中，统一体中的各个组成部分、各方面、各要素之间的矛盾促成了越来越复杂的结构。在发展过程当中，旧事物并没有完全消失，其中的积极因素保存下来，发展并上升到较高阶段。

每一个时期同前一阶段都是有联系的。世界不是机械的集合体，而是一个有机整体。事物及其进程，自然现象和历史事件，都是宇宙统一体的要素。黑格尔哲学的一个十分重要的特点就是体系化。黑格尔一再指出，个别的辩证思想已经为人所知，而且有些很久以前就产生了。黑格尔不但深化了这些思想，赋予其普遍意义，而且最重要的是，他还力图建立一个辩证范畴的、多方面的、能动的概念统一体系。这些概念不断向着其对立面转化，通过其运动及相互依赖性，让发展着的现实得以重现。这种体系是有严格层次的，当然它并不属于形式逻辑意义上的层次。相反，其结构原则是思维从抽象到具体，从单调的内容到各式各样的规定性的统一运动过程。

然而，局限性的根源也在于此。层次有序的体系是有一定界限的。倘若企图思辨地消除这样的界限，就会导致对事实的歪曲。显然，黑格尔的体系和他的方法是不一致的。所以就出现了黑格尔学说的双重性及对它的两种不同评价。A. 赫尔岑将黑格尔的学说称之为"革命的代数学"，而 R. 海姆则将其称为"复辟的哲学"。事实情况是，这两种特点兼而有之。

黑格尔是个矛盾体。在他的学说中，进步的、革命的一面，同保守的、甚至反动的一面混杂在一起。既让人感到惊讶，但又合乎规律。

对此，弗里德里希·恩格斯写道，"但是这一切，并没有妨碍黑格尔的体系包括了以前的任何体系所不可比拟的巨大领域，而且没有妨碍他在这一领域中发展了现在还令人惊奇的丰富思想。精神现象学（也可以叫作同精神胚胎学和精神古生物学类似的学问，是对个人意识各个发展阶段的阐述，这些阶段可以看作人的意识在历史上所经过的各个阶段的缩影）、逻辑学、自然哲学、精神哲学，而精神哲学又分成各个历史部门来研究，如历史哲学、法哲学、宗教哲学、哲学史、美学等——在所有这些不同的历史领域中，黑格尔都力求找出并指出贯穿这些领域的发展线索；同时，因为它不仅是一个富于创造性的天才，而且是一个学识渊博的人物，所以他在每一个领域中都起了划时代的作用。当然，由于"体系"的需要，他在这里常常不得不求救于强制性的结构，这些结构直到现在还引起他的渺小的敌人如此可怕的喊叫，这些结构仅仅是他的建筑物的骨架和脚手架；人们只要不是无所谓地停留在它们面前，而是深入到大厦里面去，那你就会发现无数的珍宝，这些珍宝就是在今天也还具有充分的价值。在一切哲学家看来，正是'体系'是暂时性的东西，因为体系产生于人的精神的永恒的需要，即克服一切矛盾的需要。但是，假如一切矛盾都一下子永远消失了，那么我们就会达到所谓绝对真理，世界历史就会终结，而历史是一定要继续发展下去的，虽然他已经没有什么事情可做了。这样就产生了一个新的不可解决的矛盾……这样给哲学提出任务，无非就是要求一个哲学家完成那只有全人类在其前进的发展中才能完成的事情……"①

总结便到此为止。

---

① 《马克思恩格斯全集》中文版第 21 卷，第 310～311 页。

年　表

1770 年 8 月 27 日　黑格尔出生于斯图加特埃贝哈德街 53 号

1777 年　进入文科学校

1785 年　进入文科中学

1788 年 10 月 27 日　考入图宾根神学院

1790 年 9 月 27 日　通过哲学硕士论文答辩

1790～1791 年冬　黑格尔、荷尔德林和谢林住同一宿舍

1792 年　着手撰写《人民宗教与基督教》一书

1793 年 6 月　神学论文答辩

1793 年 9 月 20 日　神学院毕业

1793 年 10 月　在伯尔尼施泰格尔家做家庭教师

1794 年　暂停《人民宗教与基督教》的撰写

1795 年春　去日内瓦

1795 年 5～6 月　撰写《耶稣传》

1795 年 11 月 2 日　着手撰写《基督教的天启性》（次年 4 月 29 日完成）

1796 年 7 月 25 日至 8 月初　漫游阿尔卑斯山

1796 年秋　离开施泰格尔家，回到斯图加特老家

1797 年 1 月　在美因法兰克福商人葛格尔家当家庭教师

1798 年春　翻译法文《关于瓦得州对伯尔尼城的旧国法关系的密信》，并匿名出版，标志着黑格尔的著述首次问世

1798 年秋、冬　撰写《基督教精神及其命运》

1799 年 1 月 14 日　黑格尔父亲去世

1799 年 2～3 月　评论詹姆斯·斯图尔特的《政治经济学原理研究》德文版

1799 年 3 月　逗留斯图加特

1799 年春、夏　继续撰写《基督教精神及其命运》

1800 年 9 月 14 日　撰写《一个体系的札记》

1800 年 9 月 29 日　《基督教的天启性》新序论完成

1801 年 1 月　在耶拿

1801 年春、夏　撰写《论德意志宪法》

1801 年 7 月　《费希特哲学体系与谢林哲学体系的差异》出版

1801 年 8 月　《论行星轨道一文临时提纲》和评论 F. 布泰韦克的《思辨哲学入门》两篇文章发表

1801 年 10 月 18 日　印发申请授课资格论文

1801 年 10 月 21 日　第一次与歌德会面

1801 年第二学期　讲授《逻辑与形而上学》和《真正哲学之思想与范围导论》课程

1802 年 1 月　《哲学评论杂志》发行，第 1 期刊登了黑格尔的《论哲学批判的本质》和《常识如何理解哲学》

1802 年 3 月　《哲学评论杂志》第 1 卷第 2 期出版，刊登黑格尔的《怀疑论与哲学之关系》，并在《爱尔兰根文学报》上发

表 4 篇评论

1802 年第一学期　讲授《自然法与国际公法》和《逻辑与形而上学》

1802 年 12 月　《哲学评论杂志》第 2 卷第 2 期出版，刊登黑格尔的《论自然法的科学研究方法》

1802 年冬　撰写《论德意志宪法》和《伦理体系》

1803 年春　继续撰写《伦理体系》

1803 年第一学期　讲授《哲学全书》和《自然法》

1803 年 5 月　《哲学评论杂志》第 3 卷第 3 期出版，《论自然法》续完

1803 年第二学期　讲授《思辨哲学体系》和《自然法》

1803 年秋、冬　撰写《自然哲学与精神哲学》

1803 年 11～12 月　与歌德会面

1804 年 1 月 30 日　耶拿矿物学会聘请黑格尔出任鉴定员

1804 年第一学期　讲授《哲学的一般体系》

1804 年 8 月 1 日　成为威斯特伐自然研究会正式会员

1804 年夏、秋　撰写《逻辑·形而上学·自然哲学》

1804 年第二学期　讲授《逻辑与形而上学》和《哲学全书》

1805 年 3 月　出任大学讲师

1805 年 5 月　第一次提到正在撰写《精神现象学》一事

1805 年第一学期　讲授《哲学全书》和《自然法》

1805 年秋　撰写《现实哲学》

1805 年第二学期　讲授《哲学史》、《现实哲学》和《纯粹数学》

1806 年 2 月　《精神现象学》第一部分出版

1806 年第一学期　讲授《自然哲学与人类知性哲学》、《思辨

哲学或逻辑》和《纯粹数学》

1806 年 6 月　首次领取大学年薪 100 塔拉

1806 年 10 月 14 日　《精神现象学》完稿

1806 年第二学期　讲授《自然哲学与精神哲学》、《思辨哲学或逻辑》和《纯粹数学》，预讲《精神现象学》

1807 年 1 月 1 日　当选海德堡物理学会名誉会员

1807 年 2 月 5 日　私生子路德维希诞生

1807 年 3 月　迁居班堡，任日报编辑，《精神现象学》出版

1808 年 11 月　任纽伦堡文科学校校长

1808 年 12 月　迁往纽伦堡

1809 年 9 月 29 日　学年年终讲演

1810 年 9 月 14 日　学年年终讲演

1811 年 4 月　取得与玛丽·冯·图赫尔的婚约

1811 年 8 月 1 日　向国王递呈结婚申请

1811 年 8 月 14 日　结婚申请获得批准

1811 年 9 月 2 日　学年年终讲演

1811 年 9 月 16 日　正式结婚

1812 年春　《逻辑学》第一部分出版

1812 年 8 月　第一个女儿诞生后夭亡

1812 年 10 月　谢林到纽伦堡拜访黑格尔

1812 年 12 月　《逻辑学》第 1 卷第 2 部分出版

1813 年 6 月 9 日　儿子卡尔诞生

1813 年 9 月 2 日　学年年终讲演

1813 年 12 月 15 日　担任纽伦堡市学校事务委员会督导

1814 年 9 月 25 日　儿子伊曼努尔诞生

1815 年 8 月 30 日　学年年终讲演

1815 年秋　到慕尼黑

1816 年秋　《逻辑学》第 2 卷出版

1816 年 10 月　迁居海德堡

1816 年第二学期　讲授《哲学全书》和《哲学史》

1817 年 1 月　评论 F. 雅可比的著作集第 3 卷一文发表

1817 年第一学期　讲授《逻辑与形而上学》、《美学》和《人种学与心理学》

1817 年 6 月　《哲学全书》出版

1817 年 7 月 18 日　和克罗伊策尔将博士学位证书授予让·保尔·里希特

1817 年第二学期　讲授《自然法与国家学》、《哲学史》和《人种学与心理学》

1817 年 11～12 月　《评符腾堡邦议会会议辩论集（1815—1816)》刊登于《海德堡文献年鉴》

1818 年 1 月 24 日　应邀到柏林

1818 年 3 月 12 日　被普鲁士国王任命为柏林大学教授

1818 年第一学期　在海德堡讲授《哲学全书》、《在总体系范围内的哲学》和《美学》

1818 年 9 月 18 日　离开海德堡

1818 年 9 月 23 日　在魏玛歌德家做客

1818 年 10 月 22 日　在柏林大学发表就职演说

1819 年 3 月　撰写《法哲学》

1819 年第一学期　讲授《逻辑与形而上学》和《哲学史》

1819 年 5 月 2 日　参加大学生在皮歇尔思贝格举行的庆祝会

1819 年 9～10 月　携家眷游览吕根岛

1819 年第二学期　讲授《自然哲学》和《自然法与国家学或

法哲学》

1820 年第一学期　讲授《逻辑学与形而上学》和《人种学与心理学》

1820 年 7 月 14 日　任勃兰登堡省科学考试委员会委员（直至 1822 年 12 月）

1820 年 8 月底～9 月初　前往德累斯顿

1820 年 10 月　《法哲学原理》出版

1820 年第二学期　讲授《哲学史》和《美学或艺术哲学》

1821 年第一学期　讲授《宗教史》和《逻辑学与形而上学》

1821 年 9～10 月初　前往德累斯顿

1821 年第二学期　讲授《实用物理学或自然科学》和《自然法与国家学或法哲学》

1822 年第一学期　讲授《人种学与心理学全书》和《逻辑与形而上学》

1822 年 9～10 月　到马格德堡、布伦瑞克、卡塞尔、科布伦茨、波恩、科隆和布鲁塞尔等地旅行

1822 年第二学期　任大学评议会委员。讲授《历史哲学》和《自然法与国家法或法哲学》

1823 年　到莱比锡

1823 年第一学期　讲授《美学或艺术哲学》和《逻辑与形而上学》

1823 年 9 月　收到荷兰学者组织"和睦"社社员证书

1824 年第一学期　讲授《宗教哲学》和《逻辑与形而上学》

1824 年 9～10 月　到德累斯顿、布拉格和维也纳旅行

1824 年第二学期　讲授《自然法与国家法或法哲学》和《历史哲学》

1825 年第一学期　讲授《逻辑与形而上学》和《人种学与心理学或精神哲学》

1825 年第二学期　讲授《哲学史》和《自然哲学或实用物理学》

1826 年 1 月　在《柏林快邮报》第 8～9 期发表评劳帕赫剧作《改宗者》的文章

1826 年第一学期　讲授《逻辑与形而上学》和《美学或艺术哲学》

1826 年第二学期　讲授《哲学全书》和《历史哲学》

1827 年 1 月　主编的《科学评论年鉴》开始发行。1 月份第 7～8 期和 10 月份第 181～188 期发表黑格尔评论 W. V. 洪堡的《论〈摩诃婆罗多〉的著名诗篇〈薄伽梵歌〉》的文章

1827 年第一学期　讲授《逻辑与形而上学》和《宗教哲学》

1827 年 7 月　《哲学全书》第 2 版出版

1827 年 8～10 月　到巴黎，回归途中经布鲁塞尔和魏玛，和歌德会面

1827 年第二学期　讲授《哲学史》和《心理学与人种学》

1828 年 3 月和 6 月　《科学评论年鉴》第 51～54 和 105～110 期发表评论佐尔格遗著的文章

1828 年第一学期　讲授《逻辑与形而上学》和《自然哲学或实用物理学》

1828 年 4 月和 6 月　《科学评论年鉴》第 77～80 和 109～114 期发表《论哈曼的著作》

1828 年第二学期　讲授《美学或艺术哲学》和《历史哲学》

1828 年 11 月　费尔巴哈向黑格尔寄阅自己的博士论文

1829 年 1 月、2 月、6 月　在《科学评论年鉴》第 10、11、

13、14、37～40 和 117～120 期发表书评，评论《黑格尔学说，或绝对知识与现代泛神论》和《泛论哲学并专论黑格尔哲学全书》两篇文章

1829 年第一学期　讲授《论上帝存在的证据》和《逻辑与形而上学》（听众达两百人）

1829 年 5～6 月　《科学评论年鉴》第 99～102、105 和 106 期发表评论 K. F. 格舍尔的《与基督教信仰认识相关的绝对知与无知片论》

1829 年 8 月末～9 月　到布拉格和卡尔斯巴德旅游

1829 年 9 月 11 日　在魏玛和歌德最后一次会面

1829 年 10 月　当选柏林大学校长

1829 年 10 月 18 日　用拉丁文发表校长就职演说

1829 年第二学期　讲授《哲学史》和《心理学与人种学或精神哲学》

1830 年第一学期　讲授《逻辑与形而上学》和《自然哲学或实用物理学》

1830 年 6 月 25 日　纪念路德宗教改革 300 周年演说

1830 年 10 月　《哲学全书》第 3 版出版。柏林大学改选校长，黑格尔发表演说

1830 年第二学期　讲授《历史哲学第一部分》。原定由黑格尔讲授的《自然法和国家法或法哲学》由米西勒代讲

1831 年　授予三级红鹰勋章

1831 年 4 月　《论英国改革法案》部分章节刊登于《普鲁士总汇报》第 115、116 和 118 期

1831 年第一学期　讲授《逻辑》和《宗教哲学》

1831 年夏　在克罗伊茨贝格，修订《逻辑学》第二版

　　1831 年 6 月　《科学评论年鉴》第 106～108 期刊登评 A. 奥勒特《理想实在论》第一部分

　　1831 年 9 月　《科学评论年鉴》第 55～58 期刊登评 J. 格雷斯《论世界史分期与编年之基础》一文

　　1831 年 11 月 14 日　逝世